组织参观科普场馆

《"四特"教育系列丛书》编委会　编著

吉林出版集团股份有限公司

全国百佳图书出版单位

图书在版编目(CIP)数据

组织参观科普场馆／《"四特"教育系列丛书》编委会编著.—长春:吉林出版集团股份有限公司,2012.4

("四特"教育系列丛书／庄文中等主编.爱学习,爱科学)

ISBN 978-7-5463-8678-2

I.①组… Ⅱ.①四… Ⅲ.①科学技术－活动课程－教学研究－中小学 Ⅳ.① G633.72

中国版本图书馆 CIP 数据核字(2012)第 044124 号

组织参观科普场馆
ZUZHI CANGUAN KEPU CHANGGUAN

出 版 人	吴 强	
责任编辑	朱子玉 杨 帆	
开 本	690mm×960mm 1/16	
字 数	250 千字	
印 张	13	
版 次	2012 年 4 月第 1 版	
印 次	2023 年 2 月第 3 次印刷	

出 版	吉林出版集团股份有限公司
发 行	吉林音像出版社有限责任公司
地 址	长春市南关区福祉大路 5788 号
电 话	0431-81629667
印 刷	三河市燕春印务有限公司

ISBN 978-7-5463-8678-2 　　　　定价:39.80 元

前　言

　　学校教育是个人一生中所受教育最重要组成部分,个人在学校里接受计划性的指导,系统地学习文化知识、社会规范、道德准则和价值观念。学校教育从某种意义上讲,决定着个人社会化的水平和性质,是个体社会化的重要基地。知识经济时代要求社会尊师重教,学校教育越来越受重视,在社会中起到举足轻重的作用。

　　"四特教育系列丛书"以"特定对象、特别对待、特殊方法、特例分析"为宗旨,立足学校教育与管理,理论结合实践,集多位教育界专家、学者以及一线校长、老师们的教育成果与经验于一体,围绕困扰学校、领导、教师、学生的教育难题,集思广益,多方借鉴,力求全面彻底解决。

　　本辑为"四特教育系列丛书"之《爱学习,爱科学》。

　　古今中外,许多成功人士都重视和强调学习方法的重要性。伟大的生物学家达尔文就曾说过:"一切知识中最有价值的是关于方法的知识。"著名的大科学家爱因斯坦的成功方程式则是"成功＝艰苦的劳动＋正确的方法＋少说空话"。这也是爱因斯坦对其一生治学和科学探索的总结。我们不难看出正确的方法在成功诸因素中具有多么重要的位置。联合国教科文组织教育发展委员会在《学会生存》一书中指出:"未来的文盲不再是不识字的人,而是没有学会怎样学习的人。"也就是说,未来的文盲不是"知识盲",而是"方法盲"。所以,在教学中对学生进行正确学习方法教育极具重要性。本书包括提高智力的方法以及各种学习方法和各科学习方法等内容,具有很强的系统性、实用性、实践性和指导性。但要说明的是:"学习有法,但无定法,贵在得法"。教师在教学中要注意因材施教,注意学生的个体差异,进而施以不同的方法教育,这样才能让学生掌握最适合自己的学习方法和学习的金钥匙,从而终身享用。

　　科学是人类进步的第一推动力,而科学知识的普及则是实现这一推动的必由之路。在新的时代,社会的进步、科技的发展、人们生活水平的不断提高,为我们青少年的科普教育提供了新的契机。抓住这个契机,大力普及科学知识,传播科学精神,提高青少年的科学素质,是我们全社会的重要课题。科学教育,是提高青少年素质的重要因素,是现代教育的核心,这不仅能使青少年获得生活和未来所需的知识与技能,更重要的是能使青少年获得科学思想、科学精神、科学态度及科学方法的熏陶和培养。

　　本辑共20分册,具体内容如下:

　　1.《智能提高有办法》

　　智能提高可能性,与遗传基因和后天因素息息相关。遗传因素我们无法改变,能够改变的就是尽量利用后天因素。本书针对学生如何提高学习智能进行了系统而深入的分析和探讨,并给予了切实的指导,对中小学生颇有启发意义,具有很强的系统性、实用性、实践性和指导性。

　　2.《高效学习有办法》

　　高效学习法是一种富教于乐的教育方式和高效学习训练系统。它从阅读、记忆、速算、书写这四个方面入手,提高孩子的"速商"让孩子读的快,学的快,算的快,记的快,迅速提高学习成绩。本书针对学生如何提高学习效率进行了系统而深入的分析和探讨,并给予了切实的指导,对中小学生颇有启发意义,具有很强的系统性、实用性、实践性和指导性。

3.《提高记忆有办法》

人的大脑机能几乎都以记忆力为基础,只有记忆力好,学习、想象、创意、审美等能力才能顺利发展。那么如何才能记得更多、记得更牢、更有效地提高记忆力呢? 本书帮助你找到提高记忆力的秘密,将记忆能力提升到顶点。本书针对学生如何提高记忆力进行了系统而深入的分析和探讨,并给予了切实的指导,对中小学生颇有启发意义,具有很强的系统性、实用性、实践性和指导性。

4.《阅读训练有办法》

本书以语境语感训练为主要教学法,以日常生活中必读的各种文体、范文讲解及阅读材料的补充为内容,从快速阅读入手,帮助学习者提高汉语阅读水平。学生在学习的过程,根据实际情况选用适应的学习方法,定能收到事半功倍的效果。

5.《轻松作文有办法》

写作是汉语的重要组成部分,在汉语中有举足轻重的地位。人们抒发感情需要写作,总结经验教训需要写作,记叙事件需要写作……总之,无论学习、工作、生活都离不开写作。本书针对学生如何提高写作能力进行了系统而深入的分析和探讨,并给予了切实的指导,对中小学生颇有启发意义,具有很强的系统性、实用性、实践性和指导性。

6.《课堂学习有办法》

课堂听课是学生在校学习的基本形式,学生在校学习的大部分时间是在听课中度过的。听课之所以重要,是因为大部分知识都得通过听老师的讲课来获取。要想学习好,首先必须学会听课。本书针对学生如何提高课堂学习能力进行了系统而深入的分析和探讨,并给予了切实的指导,对中小学生颇有启发意义,具有很强的系统性、实用性、实践性和指导性。

7.《自主学习有办法》

自主学习是与传统的接受学习相对应的一种现代化学习方式。以学生作为学习的主体,通过学生独立的分析、探索、实践、质疑、创造等方法来实现学习目标。本书针对学生如何提高自主学习能力进行了系统而深入的分析和探讨,并给予了切实的指导,对中小学生颇有启发意义,具有很强的系统性、实用性、实践性和指导性。

8.《应对考试有办法》

考试主要有两种目的:一是检测考试者对某方面知识或技能的掌握程度;二是检验考试者是否已经具备获得某种资格的基本能力。如何有效的准备考试,可分成考试前、考试中、考试后三个部分做说明。本书针对学生如何应对考试进行了系统而深入的分析和探讨,并给予了切实的指导,对中小学生颇有启发意义,具有很强的系统性、实用性、实践性和指导性。

9.《文科学习有办法》

综合文科的学习旨在帮助学生学会学习,学会分析研究人与自然、人与社会、人与自身关系中的现实问题,学会探讨解决问题的方法等,帮助学生树立终身学习的观念。在这个过程中不断培养学生的实践能力、创新意识和创造力。本书针对学生如何提高文科学习能力进行了系统而深入的分析和探讨,并给予了切实的指导,对中小学生颇有启发意义,具有很强的系统性、实用性、实践性和指导性。

10.《理科学习有办法》

理科学习要形成良好的学习习惯和有效的学习方法。总的来说,科学的学习方法可用如下此歌谣来概括:课前要预习,听课易入脑。温故才知新,歧义见分晓。自学新内容,要把重点找。问题列出来,听课有目标。听课要专心,努力排干扰。扼要做笔记,动脑多思考。课后须复习,回忆第一条。看书要深思,消化细咀嚼。本书针对学生如何提高理科学习能力进行了系统而深入的分析和探讨,并给予了切实的指导,对中小学生颇有启发意义,具有很强的系统性、实用性、实践性和指导性。

11.《组织阅读科学故事》

在我们生活的各个角落,疑问几乎无处不在,而这些疑问往往能激发孩子们珍贵的求知欲,它能引领孩子们正确的认识和了解世界,并进一步地探知世界的奥秘,是早期教育最为关键的环节。为了让孩子们更好的把握时代的脉搏,做知识的文人,我们特此编写了这本书,该书真正迎合了青少年的心理,内容涵盖广泛,情节生动鲜活,无形中破解孩子们心中的疑团,并且本书生动有趣,是青少年最佳的课外读物。

12.《培养科学幻想思维》

幻想思维是指与某种愿望相结合并且指向未来的一种想象,由于幻想在人们的创造活动中起着重要作用,在发明创造活动中应鼓励人们对事物进行各种各样的幻想.幻想思维可以使人们的思想开阔、思维奔放,因此它在创造中的作用是显而易见的。本书针对学校如何培养学生的幻想思维进行了系统而深入的分析和探讨,并给予了切实的指导,对中小学生颇有启发意义,具有很强的系统性、实用性、实践性和指导性。

13.《培养科学兴趣爱好》

怎样让学生对科学产生兴趣? 这是很多老师都想得到的答案。想学好科学,兴趣很关键。其实,生活中的许多小细节都蕴涵着丰富的科学知识,大家完全可以因地制宜,为学生创造个良好的环境,尽量给学生提供不同的机会接触各种活动。本书针对学校如何培养学生的科学兴趣爱好进行了系统而深入的分析和探讨,并给予了切实的指导,对中小学生颇有启发意义,具有很强的系统性、实用性、实践性和指导性。

14.《培养学习发明创造》

发明创造是科学技术繁荣昌盛的标志和民族进取精神的体现。有学者预言,二十一世纪将是一个创造的世纪,而迎接这个创造世纪的主人,正是我们那些在校学习的孩子们。因此对青少年进行发明创造教育,就显得极其重要了。心理学家研究表明,青少年的好奇心正是他们探索世界,改造世界,产生创造欲望的心理基础。通过开展青少年发明创造活动,鼓励青少年去发现新问题,提出新设想,实现新目标,这是培养他们的创新精神,提高他们的创造力的最好途径。

15.《培养科学发现能力》

阿基米德在洗澡时发现了阿基米德定律,牛顿看到苹果落地,最终得出了牛顿第一运动定律。在科学史上,这样的事例还有很多,它证明科学并不神秘,真理并不遥远,只要我们能见微知著,善于发问,并不断探索,那么,当你解答了若干个问题之后,就能发现真理。本书针对学校如何培养学生的科学发现能力进行了系统而深入的分析和探讨,并给予了切实的指导,对中小学生颇有启发意义,具有很强的系统性、实用性、实践性和指导性。

16.《组织实验制作发明》

科学并不神秘，更没有什么决定科学力量的"魔法石"，科学的本质在于好奇心和造福人类的理想驱使下的探索和创新。自然喜欢保守她的奥秘，往往不直接回应我们的追问，但只要善于思考、勤于动手、大胆假设、小心求证，每个人都能像科学大师一样——用永无止境的探索创新来开创人类的文明。本书针对学校如何组织学生实验制作发明进行了系统而深入的分析和探讨，并给予了切实的指导，对中小学生颇有启发意义，具有很强的系统性、实用性、实践性和指导性。

17.《组织参观科普场馆》

本书集中介绍了全国多家专题性科普场馆。这些场馆涉及天文、地质、地震、农业、生物、造船、汽车、交通、邮政、电信、风电、环保、公安、银行、纺织服饰、中医药等多个行业和学科领域。本书再现了科普场馆的精彩场景；科普场馆的基本概况、精彩展项、地理位置、开放时间、联系方式等多板块、多角度信息，全面展示了科普场馆的风采，吸引读者走进科普场馆一探究竟。本书是一本科普读物，更是一本参观游览的实用指南。通过本书的介绍能让更多的观众走进科普场馆。

18.《组织探索科学奥秘》

作为智慧生物的人类自诞生之日起就开始了漫长的探索进程，人类的发展史就是一部探索科学、利用科学史。镭的发现，为人类探索原子世界的奥秘打开了大门。万有引力的发现，使人们对天体的运动不在感到神秘。进化论的提出，让人类知道了自身的来历……探索让人类了解生命的起源秘密，探索让人类掌握战胜自然的能力，探索让人类不断进步，探索让人类完善自己。尽管宇宙无垠、奥秘无穷，但作为地球的主宰者，却从未停下探索的步伐。因为人类明白：科学无终点，探索无穷期。

19.《组织体验科技生活》

科技总是不断在进步着，并且改变着我们的生活，让我们的生活变得更加多彩。学校科学技术普及的目的是使广大青年学生了解科学技术的发展，掌握必要的知识、技能，培养他们对科学技术的兴趣和爱好，增强他们的创新精神和实践能力，引导他们树立科学思想、科学态度，帮助他们逐步形成科学的世界观和方法论。本书针对学校如何组织学生体验科技生活进行了系统而深入的分析和探讨，并给予了切实的指导，对中小学生颇有启发意义，具有很强的系统性、实用性、实践性和指导性。

20.《组织科技教学创新》

现在大家提倡素质教育，科学素质是素质教育的重要组成部分，学生科学素质培养的核心是培养学生的创新精神和创新能力，创新能力的培养、开发应从幼儿开始，在长期的教学、训练过程中逐步形成和发展。小学科技教学，在培养学生创新精神和创新能力中，起着举足轻重的作用。帮助学生树立新的观念，主动地、富有兴趣地学习新的科学知识，去观察、探索、实验现实生活乃至自然界的问题，在课内外展开研究性的教学活动等，是行之有效的。但是，科技活动辅导任重而道远，这就要求科技课教师不断探索辅导方法，不断提高辅导水平，为全面推进素质教育，实施科教兴国战略奠定坚实的人才和知识基础。

由于时间、经验的关系，本书在编写等方面，必定存在不足和错误之处，衷心希望各界读者、一线教师及教育界人士批评指正。

编者

目　录

1

第一章

学生参观科普场馆指导

1. 科普场馆建设的现状和发展

科普场馆存在的问题

我国的科普场馆建设当前总体上仍滞后于全国经济社会发展步伐，不能满足公众日益增长的提高科学文化素质的需要。据 *2007* 年公民科学素质调查，因本地没有或其他原因而没有去过科技场馆的公民比例高达百分之七八十。而且科普场馆建设和运行组织中还存在着一些影响全局发展的问题：

（*1*）投入不足，数量偏少。

国务院《全民科学素质行动计划纲要》要求，常住人口 *100* 万以上大城市至少拥有一座科技类博物馆。很多省市都没有达到这个要求，一些省市的科技场馆建设速度明显缓慢，特别是大多数县（市）根本就没有科技馆。

（*2*）缺少保障，运行困难。

多数场馆建成后，由于经营收入不够，财政资金预算不足，管理运行困难，一些场馆陷入既不能向社会免费开放，又不能经营自立的两难境地。

（*3*）资源挖掘与整合不够。

科普场馆资源挖掘与整合不够，共建共享机制有待加强。有些高校、研究所、大型企业科技馆、研发中心、实验室、产品陈列馆等展教资源非常丰富，但绝大多数没有成为对公众开放的科普教育基地。各类场馆分散，缺少工作交流与共建共享的有效途径与集成机制，科普展教资源浪费严重。

（*4*）缺乏研发与管理人才。有些地方缺乏研发与管理人才，场馆自主创新能力不够。科技与人才优势没有转化为科普展教事业创新发展优势。

发展科普场馆的方法

各地要想加快科普场馆建设步伐，推动科普场馆充分发挥其科技教育、传播和普及功能，应做到以下几点：

（1）把科普场馆建设纳入国民经济和社会发展"十二五"规划。

各级政府在编制"十二五"规划中将科普场馆作为社会公共设施纳入总体规划，确保对公益性科普场馆建设和运行经费投入到位。根据《全民科学素质行动计划》，"十二五"期间，城区常住人口在100万以上的大城市应至少拥有一座综合性、现代化和有地方特色的科普场馆；经济条件较好，也要大力推进科普场馆建设，力争建成一批以科普教育为主要功能的、规模适度并体现当地特色的科技馆。

（2）设立县级科普场馆建设专项补助资金。

"十二五"期间，各地财政应安排专项资金，主要用于县级科普场馆的建设补助，特别是经济欠发达地区的县级科普场馆建设，给予适当经费补贴。

（3）设立科普场馆开放专项补助资金。

主要用于加强对分散在有关部门、单位现有科普设施的整合力度，盘活现有科普基础设施存量，提高其使用效益。设立科普场馆开放专项补助资金，每年通过以奖代补的方式，鼓励这些专业设施对社会开放，这不仅可弥补现有科技馆不足的状况，开辟出一批遍布各地、各具特色的小型科普场馆，同时也可缩小专门科技馆的投资建设规模。

（4）加强对全省科普场馆的建设及运行的指导和服务。

依托各地科普场馆协会，加强对科普场馆的建设及管理的指导和服务，规范行业行为，加强科普场馆人员培训，促进科普资源共建共享等，营造有利于科普场馆建设和发展的良好氛围，促进科普场馆事业的发展。

2. 学校与科协联办科普场馆展览

科普场馆作为面向公民进行科普教育的主要场所，是提高公民科学素质的基础性工程，因此科普场馆的运行对国家的现代化建设和可持续发展具有重要意义。

学校是培养国家建设人才的重要基地，科协所属的科普场馆则是科学普及的主要资源，为此，学校与科协联合举办科普展览能够最大限度地提高科普场馆的作用。

科普展融科学性、教育性、互动性于一体，展示了人与自然和谐共生、发展与挑战并存、保护环境的绿色选择、展望生态文明的未来等内容，能够让广大同学享受精彩纷呈的科普大餐。江苏通州兴东初中学生参观通州市气象环境科技馆的活动就取得了较好的效果。

2009 年 4 月，兴东初中 400 多名学生参观了由通州市科协、教育局等单位联合主办的中国科协"中小科技馆支援计划""坚持科学发展、建设生态文明"主题科普展。在科普馆，跟随着讲解员的讲解，同学们依次参观了百米科普图片画廊，并亲身体验了十六件互动演示展品和模型。在"酸雨的威胁"图片和"濒临灭绝的动物"模型前，同学们了解人类活动对生态环境的重要影响，引起了对人与环境和谐发展问题的高度关切；在"一滴水的旅程"模型前，同学们知道了一些大气环流和雨水的形成；在"光导照明"和"家居节能小窍门"图片前，同学们认识到节能环保与我们相距并不遥远；在"鸟巢"、"水立方"模型前，同学们看到了生态文明的美好未来；在"沙透水砖"的模型前，同学们驻足观看，好奇地问这问那，久久不愿离开……

近年来，兴东初中科普教育逐步走向常态特色化：建立科协会员

——科普教师——科普骨干三级组织网络，举办"节约能源资源、保护生态环境、保障安全健康"主题班会，组织师生自救逃生演练，开展地震科普进课堂活动，把江苏茁润高科技园作为学校固定的科技实践基地，学校多次被评为"通州市科普工作先进单位"和"南通市科普工作先进单位"。

学校在青少年学生中开展科普馆宣传教育活动，培养了学生爱科学、学科学、用科学的习惯，提升了学生的科学素养，收到了极好的效果。

3. 科普场馆是学生的又一课堂

离家两公里，用手机给家里智能管家发出一个信号，房间里的空调开始启动，微波炉也跟着转动起来，离家 50 米，又一个信号发出，车库的门缓缓打开，楼道和门厅亮起了柔和的灯光，踏进家门，屋内已是宜人的凉爽，喷香的蒸鱼已经可以直接端上餐桌……这是某学校科普场馆"未来生活展示厅"为人们展示的一幕。手机还能这样用？这已经不是《小灵通漫游未来》中的幻想，技术上已经成为可能。

科学技术引领未来，科学普及改变生活。

只是在一所学校里占用两间教室，但足以成为孩子们最喜欢的第二课堂。自己动手，搭个机器人会走会跑，做一个声控灯拍拍巴掌便能开开关关……爬楼梯、踢足球，每当一个与众不同的机器人经过孩子们的手蹒跚着亮相，总能引来歆羡的目光。已经不是几个模型、几块展板搞定一个场馆的时代了。允许你，甚至鼓励你动手摸一摸、试一试，强烈的参与性与互动性成为这些场馆共同追求的目标。你可以坐上火箭发射主控台，当一回倒计时的指挥官，也可以领回一包种子和一瓶营养液，用无土栽培法种上几株番茄。也许正是这样，科学变得可亲可近，不再这么神秘。

声光电技术的广泛应用，让展览灵动了起来。学习不再是被动的，枯燥的。走进一间蔬菜乐园，从选种、育苗、浇水、施肥直到采摘，以电脑多媒体技术模拟种植一株黄瓜的全过程，使每一个学生都忍不住挤上前去试一试。

我们平常饭桌上的菜色搭配从营养学上讲是否合理？哪些食物不能搭配在一起吃？在健康教育园里，你只要用手指轻碰一下电子触摸屏，便有一套科学的系统来评估您的日常饮食，还会向您推荐几道美味佳肴，当然推荐的都是健康食谱。您知道不同面料成分的衣服要用不同的洗涤和保养方式，才能让衣服不变形、不褪色吗？这些普通百姓关心的问题，在科学生活馆都能找到答案。一看就能懂，懂了就能用。

除了有用，逛科普馆的另一个收获便是开眼界。从现代通讯、电子技术到极地探险、太空旅行，一个个不同专题的科普场馆构成的是一个五光十色的知识海洋。追逐科学技术的最新进展、捕捉当前社会的关注热点，是这些科普场馆选题的一大原则。

为方便学生更加全面掌握各科普场馆基本情况，更加有选择地、方便易行地前往参观学习，享受身边的科普教育资源，这所学校编撰了科普场馆参观指导书籍，对科普基础设施建设情况给予集中展示，详细记录了科普场馆的场馆概述、前世今生、馆长寄语、功能布局、特色活动等，将科普场馆基本信息资料全部编入，学生只要手持一册，就能清楚无误地找到想要去的场馆，特别的方便、实用。

4. 学生参观科普场馆的作用

一杯清水，吹口气就变成"牛奶"；戴上分色眼镜，画在书上的恐龙会"飞"起来；正确回答环保知识问题，可以免费去球幕影院欣赏深海奇观。这是某地科技馆推出的互动节目，科技馆的活动吸引了众多参观者。

馆内200平方米的科普剧场里，当地小学生自编自演的科普剧吸引了许多小观众："超级博士"把"魔粉"放入水中，舞台上立刻烟雾缭绕；一杯清水，轻轻吹口气，就成了"牛奶"。"超级博士"揭开谜底："魔粉"原来是干冰，由二氧化碳加压制成，温度可达零下79摄氏度，遇热升华出大量二氧化碳；"清水"其实是氢氧化钙，吹入少量二氧化碳形成白色沉淀。"真有趣啊！"小观众们恍然大悟。这些科学小常识如果生硬地搬到课堂上讲，可能很难吸引孩子们学习的兴趣，科技馆通过互动，却让孩子们体验了科技趣味，感受了知识的快乐。

正在科技馆免费展出的"高效节能节水产品科普展览"，通过一系列富有科技含量、可参与互动的实物展品，让学生亲身体验节能环保生活。现场一辆连接灯柱的自行车，让很多学生跃跃欲试。坐上车，双脚蹬踏车踏板，动能转化为电能，灯柱上的一排灯便全部亮起。很形象、很直观。展览还推出了有奖知识问答，奖品是4D影院观摩券一张。

古生物博物馆同样推出了互动节目。"恐龙吃什么，恐龙是哺乳动物吗，恐龙是如何灭绝的？"只要在博物馆内仔细参观，就能找到答案，参与活动者将获得小奖品——恐龙气球。即使答案并不完全正确，博物馆也会给予奖励，主要是鼓励孩子们在玩的同时，学会观察，加深印象，增长知识。

5. 学生参观科普展馆的收获

2010 年 8 月，北京景山公园和四川自贡恐龙博物馆合作在园内举办恐龙展，吸引了很多学生前往观看。13 岁的初一学生莫莫和姥姥、姥爷一起去景山公园看恐龙。霸王龙、三角龙、慈母龙等多个种类的 67 具栩栩如生的仿真龙让莫莫大呼过瘾，整个公园也仿佛变成了"侏罗纪公园"。从头看到尾，莫莫一边兴奋地到处看，一边向同行的姥姥、姥爷介绍，他喜欢恐龙，对恐龙的各种类型都非常清楚。

在走到公园东门附近时，莫莫觉得有点不对劲：这里展出的仿真龙是三角龙，可是标识牌上配发的却是一张戟龙的图片。"三角龙的特点是'鼻上短角、头上两长角'，而戟龙的头上没有那两只长角，但是它长有颈盾。"莫莫一下子指出了其中的错误。"还有，你看那边，展出的是'前肢三趾'的建设气龙，可是标识牌上配发的却是'前肢四趾的慈母龙图片'，这都是张冠李戴啦！"莫莫认真地说。

由于担心错误的配图误导了其他观展的小朋友，莫莫给北京晚报打去电话，希望能纠正这些错误。记者来到展览现场后看到，一具具栩栩如生的仿真恐龙引来小朋友的阵阵赞叹。

随后，记者联系到景山公园的工作人员，对方查看后表示，莫莫反映的是对的，这两张配图确实弄错了，之后他们又全园排查，发现另外一个标识牌上的配图也错了。在向莫莫表示感谢的同时，工作人员还表示，想邀请莫莫再去参观，提更多建议。

6. 国外科普场馆的借鉴启示

在科学技术成为经济和社会发展驱动力的今天，一个国家的公民科学素质在国家现代化进程中发挥着越来越重要的作用。科普场馆作为面向公民进行科普教育的主要场所，是提高公民科学素质的基础性工程，因此科普场馆的运行对国家的现代化建设和可持续发展具有重要意义。

科普场馆的运行机制就是指科普场馆构成要素之间动态的连接和作用关系以及由此决定的科普场馆功能的实现方式。从内部环境看，运行机制是科普场馆构成要素的相互作用方式；从内部与外部的关系看，运行机制又体现为科普场馆与外部组织的竞争、交流和协作。一般而言，科普场馆的运行机制主要包括：管理体制、运行经费筹措机制、资源共享机制、人才使用机制、评估监督制度等。

影响一个国家或地区科普场馆的运行机制的因素很多，如经济条件、社会结构、历史文化背景等。西方发达国家和地区，如美国、日本、欧盟各国的科普场馆，其运营管理通常都有一套完善的体制和机制，有值得借鉴的做法和成功经验。由于篇幅有限，本文重点关注运行经费筹措机制和评估监督制度这两方面。

运行经费筹措机制

科普场馆的持续发展，需要长期而稳定的资金注入，场馆的日常运行、人员工资、科普活动开支和展品的购买，都建立在有充足资金保障的基础之上。

一些发达国家科普场馆都有比较稳定的运行机制，首先是各级政府重视科普场馆的建设，进行适量投入；与此同时，政府恪守"费用分担"原则，鼓励科普场馆根据自身的性质从企业、民间基金会、公益性基金会等其他社会渠道争取其余所需经费，这样做的目的是希望以政府的支持为催化剂，吸引更多的社会力量共同支持科普事业。例如：美国的自然科学基金会申明，它仅为科普场馆开展的科普项目和科普活动提供部分经费，支持强度视项目和活动的范围及性质而定，其余经费由项目机构从其他渠道获取。由此逐步建立起了科普场馆、科普组织、科技团体等积极参与，企业、基金会出资赞助的科普经费来源结构。

（1）政府经费是主要保障。

从发达国家的经验来看，公立科普场馆的建设和运营经费主要是由政府出资。在美国，政府依据科普场馆的不同性质，在经费上予以不同程度的支持。总体来看，几乎所有的公立科学博物馆都直接受到政府的大力支持。以旧金山探索馆为例，目前每年的运行经费在2800万美元左右，其中有将近一半的经费来自政府拨款或政府合约。

政府拨款以及私人捐助和博物馆经营收入这两部分经费的用途是有严格区分的：政府拨款部分用于保护藏品、支持基础研究、日常运作管理等，也即政府经费必须保证科普场馆的公益性质，提供公共服务产品，不能用于其他带有风险的或创收性的投资；私人捐赠和博物馆经营收入部分可用于发展项目、增加收藏、改善设施等，也即可以用于壮大发展的各方面。

在英国，科普场馆从立法和资金保障两方面得到政府的大力扶持。英国政府不仅斥巨资建立科普场馆，而且每年为科普场馆划拨大量经费，保证其运营。例如：伦敦科学博物馆每年的运行经费约1700万英镑，加上两个连锁馆达到2300多万英镑，其中85%以上由英国政府拨款；曼彻斯特科学与工业博物馆每年的运行经费为200万英镑，其中的80%由国家拨款。

日本国立科学博物馆2005年度总运行费用是36亿日元，其中政府划拨的运行经费是34亿日元，门票等各种收入总共2亿日元，政府

拨款占了 *94.4%*。

政府经费虽然是一笔稳定的保障，但除了极少数国立科普场馆能够得到充足资金以外，大多数场馆（特别是由企业或者其他组织成立的科普场馆）需要从其他渠道获得支持。对于私立科普场馆，政府很少或者没有给予直接的经费补助，而是允许科普场馆在非营利性前提下，向社会融资和对外募捐。

（2）社会融资是稳定收入。

利用国家公益事业彩票基金是发展科普事业的一条很好途径。例如：英国议会建立的国家彩票基金会支持了众多的科技馆项目。该基金会拿出 *600* 万英镑支持伦敦自然历史博物馆更新地学展览；提供 *4100* 万英镑支持布里斯托探索馆办展览，与韦尔科姆基金会共同出资 *4550* 万英镑在伦敦科学博物馆建设韦尔科姆副馆等。

在美国，公立科普场馆的定位是免费向公众提供科普服务，因而其自身商业经营的范围和收入都受到限制，收入不能超过博物馆经费的 *2.2~11.1%*；但是私立的科普场馆，如各类企业兴建的科技馆，虽然也定位为公益性组织，但其自身经营收入可以占到博物馆经费的 *14~49.5%*，可见经营收入对博物馆尤其是私立博物馆生存和发展的重要性。

对科普场馆而言，其经营收入主要有两大部分：

一是门票销售，特别是对企业兴办的科普场馆而言，政府给予的资金比较少，因而很多国家都允许企业在不超出公众的支付能力的前提下收取门票，在一定程度上补贴运行费用。日本丰田汽车馆和瑞典沃尔沃汽车博物馆都采取了分类型的门票制度。

二是衍生服务项目，如特色纪念品商店、餐饮部、图书室、相关游乐场所等，特别是开发富有本馆特色的工艺品、旅游纪念品，这类产品通常产生较高的附加值，远远超过门票销售。日本丰田汽车馆有汽车主题餐厅、咖啡长廊、商店、儿童图书室、网吧、多功能会议室、汽车儿童乐园等配套设施，从而实现一馆之内吃、喝、玩、乐、购、学的功能整合。

（3）对外募捐是重要形式。

除了等待社会各方面的资助之外，政府也鼓励科普场馆积极增强自身的"造血功能"，进行各种对外募捐活动。在这一方面应该承认，政府建立的科普场馆的压力比私立场馆轻一些，筹款途径似乎也多一些。

在英国，企业及个人赞助科普场馆相当踊跃。因为一方面英国法律规定，个人赞助公益事业，只要不超过税前总收入的一定比例，就可享受减免税收的待遇。另一方面，科普场馆在成长理念上很重视赞助商发展计划，通过对目标赞助商的需求分析，因人制宜地推出各种赞助方式，从而不断争取到新的赞助商。

例如：伦敦科学博物馆推出了"与我们做生意"的模式。该模式主要包括三种形式：

①品牌授权：在市场上出售的各类科普产品，如果印上科学馆的标识，则要付给科学馆一定的品牌使用费。

②给企业和私人活动提供场地及餐饮服务：也即向企业和个人有偿提供科学馆的会议室及特色场所的使用服务。

③公司伙伴关系计划：从1991年起科学馆设立了"公司伙伴关系计划"，鼓励企业向本馆捐款。鉴于企业向科学馆捐款的目的和需求不同，科学馆设立了"赞助商、合作伙伴、会员"三种不同级别的伙伴关系，每一种伙伴关系对应不同的义务和优惠待遇，总有一款适合企业的需求。所有的合作伙伴都可以获得一定数额的免费套票、在科学馆举办活动时可以享受折扣优惠。如果是合作伙伴或者会员级别的企业，科学馆还可以不定期地为它们举办专场科学展览、家庭科普日等活动。此外，科学馆还在其网页和宣传手册上公布近期需要更新的科普展品以及开展的活动项目，让公众和企业知道哪些项目需要资助

以及怎么资助。

美国旧金山探索馆和日本国立科学技术馆的年度运行经费，也有
40% ~ 50% 来自于企业赞助。

在评估监督制度方面

科普场馆不仅是一个建设问题，而且更是一个可持续发展问题。
充足的经费能保证场馆的正常运行和发展，但为了提高经费的使用绩
效，为了优化场馆的公共服务功能，对场馆进行科学合理的评估就显
得尤为必要了。美国的博物馆协会有一套场馆评估的方法和流程，充
分体现出"重管理"和"重绩效"的特色。

（1）场馆认证。

1971 年美国博物馆协会就开展了第一批科普场馆认证，认证的目
的就是检验科普场馆是否优秀、是否专业化，以及是否能够持续完善
机构运行。经过 *30* 多年的不断改进，它形成了一套比较成熟规范的认
证参与原则、认证的核心问题、认证的具体考察点、认证流程。经过
认证的科普场馆，不仅对自身的运行管理有更明晰的认识，而且在政
府、主管部门、公众、场馆面前也树立起了专业形象，从而争取到更
多的发展资源。

针对小型博物馆在展览内容、运行经费和组织管理上的特殊情况，
美国还专门出版了"小博物馆与认证Ⅱ：小博物馆档案"的光盘，介
绍了各种类型和结构的博物馆如何应对认证标准。光盘免费索取，而
且小博物馆可以免费申请进行认证。

（2）场馆评估。

科普场馆不仅明确划定岗位职责，确定目标任务，分解各项工作
任务；而且制定了全员绩效考核办法，对履行岗位职责、完成目标任
务情况进行量化评估。在美国，对科普场馆的评估是分类型的，有宏
观的关于机构的评估，也有微观的关于藏品的评估；有外围的关于观

众的评估，也有内在的关于管理的评估。

有评估必然有奖励。美国设有"南希－汉克斯奖金"，专门奖励那些在领导和服务科学馆中有突出贡献的年轻工作人员。博物馆协会成立"布鲁金论文奖"，是每年一度的关于博物馆运行创新的工作论文奖。还有"博物馆协会多元性奖学金"，奖励那些在保持科学馆多元文化特色方面有突出贡献的科学馆工作人员和学生。

对中国科普场馆的启示和借鉴意义

"九五"时期以来，我国开始逐步加强科普基础设施的建设力度，建立起了以国家综合性科普场馆——中国科学技术馆为引领、以一批专题性科技场馆为主干、以众多基础性科普教育基地为辅助的多元化、多类别的科普基础设施网络。

《国家"十一五"科学技术发展规划》在加强科学普及和创新文化建设的阶段性目标中提到："形成多渠道、多元化兴办科普的局面，建成一批高水平的大中型科普场馆，促进科学技术普及有较大发展……"这对我国的科普场馆的建设目标和运行绩效提出了新的要求。

纵观我国科普场馆的运行，成绩是斐然的，但同时也存在不少问题。在经费来源结构方面，表现为资金筹措机制不完善，运营经费缺乏保障；在绩效评估方面，表现为评估监督制度尚未建立，科普场馆难以实现持续、稳定发展。

以我们前不久对上海17家专题性科技馆？调查的数据为例（图2、表5），可以发现，上海科普场馆运行经费来源主要有三个渠道：政府资助、主管单位拨款和门票收入（占经费总额98%以上）。而社会团体、个人的捐助以及其他收入所占的比例很低（占1.24%）。虽然各级政府为科普投入了大量的经费，但有限的政府投资只是杯水车薪，展品更新的费用无从谈起，新的科普活动无法开展，科普人员素质无法提高，许多场馆的参观人数不多，难以发挥其最大的社会性和公益性效应。

在科普场馆的评估监督方面，上海市科委虽已出台了科普场馆建设标准、场馆立项标准等方面的文件材料，但从整体上看，对科普场馆项目，还缺乏一套行之有效的评估监督办法，特别是对科普场馆的运行管理绩效缺乏科学合理的评估方法和方案，从而导致许多场馆"重建设、轻管理"，"重过程、轻绩效"，有的甚至"只建场馆，不见科普"。

因此，国外科普场馆的成功运行经验，结合我国科普场馆运行和管理中存在的相应问题，对我们的启示主要有：

（1）依据科普场馆的定位，促进科普经费来源的多元化。

首先，政府应当重视本地区科普场馆的建设与管理，制定科普场馆事业发展规划，并将其纳入本级国民经济和社会发展规划以及国民教育规划之内，这是科普场馆存在与发展的根基。

政府保障利用本级财政资金设立科普场馆事业专项经费，并随着财政收入增长而增加。条件成熟时，可考虑建立科普场馆持续发展的社会基金，如通过发行赞助科学普及事业的彩票等形式建立政府基金，资助科普场馆的大型建设项目。

政府鼓励科普场馆依据自身定位多渠道筹措资金，促进自身发展。这是科普场馆成长的核心。科普场馆依法享受税收减免优惠政策，并逐步扩大减免范围；但进行与公益性无关的经营活动则要照章纳税。同时，政府要国家鼓励个人、法人或其他组织向科普场馆进行捐赠，捐赠形式可以多样化；鼓励有条件的企业兴办科普场馆，捐赠人或兴办企业依法享受税收优惠政策。鼓励科普场馆发展会员组织，在社会阶层建立一个核心的支持群体。

（2）实行科普场馆的认证制度、年检制度和绩效评估制度。

政府应当对科普场馆实行认证制度、年检制度和绩效评估制度，这是科普场馆健康发展的保证。要求科普场馆明确划定组织和管理层的职责，包括领导职责、部门职责、个人职责。要求所有的科普场馆在年底提交本年度工作报告，对以政府主导和引导为主的科普场馆实行年度检查，对企业兴办的科普场馆可适当放宽检查年限或进行抽查等。研究制定科普场馆、科普项目和科普活动评估指标体系，逐步开展评估工作建立规范，出台相关监督评估的政策法规，评估办法等。

从 1783 年人类乘热气球第一次升空，到 1957 年苏联成功发射第一颗人造地球卫星，再到 1986 年美国的"先驱者"10 号探测器飞出太阳系，人类向天空进军迈出了可喜的三步。

航空就是在空气里航行。

航天则是在电离层以外的空间进行。而航天的范围，大体是划到太阳系为止。太阳系以太阳为中心，有九大行星围绕它旋转。从里到外，分别是水星、金星、地球、火星、木星、土星、天王星、海王星、冥王星。现在，人类发射的航天器已经向里探测了水星、登陆了金星，向外登陆了火星、飞过了木星以外的所有行星。可以说，太阳系内尤其近地间的飞行，是人类航天活动的基本内容。最远的冥王星与太阳的平均距离为 6×10^{12} 米。"先驱者"10 号探测器于 1972 年 3 月 2 日发射，约于 1986 年 10 月穿过冥王星的平均轨道，这段航程足足用了约 14 年零 200 天的时间。看来，人类航天的征程还十分漫长。

飞出太阳系，就走进了恒星际空间。宇宙间有无数个恒星。其中，离太阳最近的恒星是比邻星，它与地球的距离远达 4.22 光年，也就是说，即使乘上以光速行驶的宇宙飞船，也要飞 4.22 年。所以人类向宇宙进军的任务仍然十分艰巨。

1. 人造地球卫星

第一宇宙速度 7.9 公里/秒是地球飞行的环绕速度。人造地球卫星只有获得了这个速度才能驶入地球轨道，绕地球飞行。多级火箭能把人造地球卫星送上"天"，我们叫它"运载火箭"。运载火箭使用液氧推进剂，逐级推进、加速，使卫星达到环绕速度，围绕地球飞行。

现在发射卫星只需三级火箭就够了。每级火箭头尾相接，用串联或并联的形式组合成一体。在发射卫星时，三级火箭从地面垂直起飞，在发动机的强力推动下，火箭飞出地球的大气层，当达到规定的速度后，就熄灭了。这时火箭已经获得的能量在地球引力的作用下滑行，在卫星最后加入轨道时，火箭再次点火，使卫星加速达到环绕速度，卫星就会绕地球飞行，成为人造地球卫星。

2. 侦察卫星

电子侦察卫星是一种窃听能力很强的卫星。它与照相侦察卫星一样，分普查型和详查型两类。

普查型"窃听能手"，它的作用是对敌方地面进行大面积侦察，测定地面雷达的大致位置，窃听地面雷达的工作频段。

详查型"窃听能手"，它的作用是捕获感兴趣的雷达特性和电台信号的详细情报，用搜索型外差接收机窃听地面的无线电信号。

目前，大部分电子"窃听能手"既能做一般监视，对地面进行普查性窃听工作，又能对地面各种无线电信号进行搜索和窃听，一颗卫星身兼普查和详细两种功能。一般说来，电子侦察卫星上的计算机里贮存所有已知的敌方雷达信息。卫星一旦探测到新的雷达位置和新的信号，下次经过这一地区上空时，便会自动地对这些特性进行分析，并对新的雷达进行定位，以确定雷达的精确位置。因此，窃听能手——电子侦察卫星，能无一遗漏地探听清楚地面雷达、无线电台等的位置和信号特征。

3. 预警卫星

导弹预警卫星是在人造卫星上天之后，才开始研制的。美国在20世纪60年代初，最先发射预警卫星。这种卫星运行在宇宙之中，不停地盯住在不断变化的地球。卫星上的红外探测器，对导弹喷焰特别敏感，它能在千里之外遥"看"导弹的发射，并把核袭击的危险信息及时发回地面防空中心，就可以赢得宝贵的半小时预警时间。

其实，预警卫星发现导弹的原理与地空导弹、空空导弹利用红外线自动追击敌机的原理是相似的。

卫星上的红外探测器，能够探测出导弹喷出的火焰，这是因为在大自然中，一切物体只要温度高于绝对零度（－273℃），都会辐射出肉眼看不见的红外线。当洲际导弹的发动机燃烧后，由高温气体形成的喷焰将产生强大的红外辐射，卫星上的红外探测器就能在导弹发射后几十秒钟内，向地面站报警。但是，早期的预警卫星，会把高空云层反射的太阳光当做导弹尾焰的红外辐射，而误认为是一次大规模的核袭击。美国就发生过这样的事，令当时的美国惊恐万分。

为了避免虚惊，人们在预警卫星上同时配上高分辨率远视镜头的电视摄像机，就在红外探测器探测的导弹喷焰时，立即控制电视摄像机自动地拍摄目标区域的图像，于是地面站的电视屏上以每秒1~2帧的速度，显示出导弹喷焰的运动图像。根据喷焰在不同高度上的不同形状，就可判断是否真有导弹来袭，并可粗略地测出导弹主动段的飞行轨迹。

导弹喷焰辐射的红外线波长，主要在2.7微米左右，因此，卫星上的红外探测器多采用硫化铅探测器阵列。它由约2000个单元器件排列而成，最敏感的波长为2.7微米。当卫星在36000千米高的地球同步轨道上运行时，整个红外探测器阵可"看"到地球表面的40%地区。

4. 静止气象卫星

静止气象卫星主要有三大功能：一是观测，通过遥感仪器拍摄云图，观察云系和大气温度的分布；二是收集，将地面气象观察站观察到的地面气象资料收集起来；三是广播，将气象资料和处理过的地面气象资料传送给各地气象台使用等。

它如一位"站"在 3.6 万千米高处的"广播员"，主要组成部分是静止卫星、资料收集和测控站、数据处理中心、气象观察台和数据接收系统等。

静止气象卫星中安装了功能奇特的遥感仪器。当前，常用的气象遥感仪器主要有以下几种。一是高分辨扫描辐射计，包括可见光和红外自旋扫描辐射计等。它具有高超的本领，可以获得可见光和红外的云图，可见光云图的星下点（卫星在地面的投影点）分辨率为 0.9 ~ 2.5 千米，红外云图的星下点分辨率为 5 ~ 12 千米。二是高分辨率红外分光计。它神通广大，既能获得大气垂直温度分布，又能测到水气分布。三是微波辐射计。它的功能没有那么齐全。只能配合高分辨率红外分光计工作，以便获得 6 层以下的大气垂直温度分布和云中的含水量。另外，卫星还携带其他一些功能奇特的仪器，如磁带机等数据存贮装置和数据传输设备等。

5. 地球资源卫星

地球资源卫星主要的功能是防护森林，它不仅向人类提供森林中的火灾情况，还时刻监视着树木里的各种病虫害，将森林中的各种危害及时告诉人们，称得上是太空的"护林员"。

森林防火工作一定要有地球资源卫星的协助才能保证它的安全度。由于地球资源卫星不仅能及时发现森林中的火迹，而且能确定冒火烟地区的边界，监视火灾的发展，观测火区上空的大气冷流和暖流的通过情况，诸多火情，将有助于尽快消灭火灾。而且，借助于太空观测还能够预报可能发生火灾的地点。因此，人们把在太空巡视的地球资源卫星称为森林"卫士"。

地球资源卫星还监视着树木的各种病虫害情况，将病虫害给森林带来的损失告诉人们。例如，在美国太平洋沿岸，卫星照片告诉人们，虫害毁坏的树木比火灾毁掉的树木多 *15* 倍。

6. 生物卫星

世界上第一颗生物卫星是 *1957* 年 *11* 月 *3* 日，前苏联发射的载狗"莱伊卡"的人造地球卫星。生物卫星是一种专门用于在空间进行生命科学实验的人造地球卫星。它相当于一个太空生物实验室，在生物卫星上进行科学实验，有许多特殊的优点和有利条件，是载人飞船和航天站所不能取代的。生物卫星可研究失重、超重和其他各种空间飞行环境对生物生长、生育、代谢、遗传等方面的影响和防护措施，揭示在地面条件下发现不了的生物学问题，是研究太空生命科学的重要工具。

生物卫星主要由服务舱和返回舱两部分组成。返回舱是卫星的主体，是返回地面的部分，内装各种实验生物（如猫、老鼠等）、记录仪器、制动火箭和回收系统。舱的外面是防热保护层。为了更好地保持舱内适宜温度，里面还有一层涂铝的聚酯薄膜。舱内还有脱离轨道、分离和回收设备，以保证卫星按时同服务舱分离，准确脱离轨道，安全地返回地面。返回舱的外形有的呈球形，有的呈碗形，重 *300 ~ 400* 千克至 *1 ~ 2* 吨。

在生物卫星上，还可以进行许多生物学实验，如重力生物学实验、放射生物学实验、发育生物学实验等。

7. 空间飞行器

空间飞行器，分属于人造地球卫星、飞船、空间站及探测器等人造天体。它们根据用途的不同，各以其特定的结构和方式运行在不同的轨道上。

空间飞行器的结构主要分为两部分：一部分是为满足特定用途如通信、导航、气象观测、资源探测、军事侦察等的专用系统；另一部分是共有系统，包括壳体系统、姿控系统、测探系统、温控系统及电源系统。

飞行器不仅结构复杂，且外形多样。如有球形、圆锥形、柱形、多面球形等；有的顶着"锅状"天线，有的伸出一块或几块平板；有的带有几根鞭状的细杆。为什么空间飞行器的形状千奇百怪呢？它们之所以不像飞机、汽车、火车等具有统一的流线外形，是因为它们都是在近乎真空的条件下运动，不必要太考虑运动阻力，而主要是考虑空间发射和运行性能等因素。所以，其形状也就千差万别了。

8. 月球车

在月球表面行驶并对月球考察和收集分析样品的专用车辆，叫月球车。它分为无人驾驶月球车和有人驾驶月球车。

无人驾驶月球车由轮式基盘和仪器舱组成，用太阳能电池和蓄电池联合供电。月球车根据地球上的遥控指令，在高低不平的月面上行驶。遇到紧急情况，月球车上有一套特殊装置能避免颠覆，能自动进行工作。

有人驾驶月球车，由宇航员驾驶在月面上行走，主要用于扩大宇航员的活动范围和减少宇航员的体力消耗，存放和运输由宇航员采集的土壤和岩石标本。它的动力是由蓄电池供应的。

1970 年 11 月，前苏联把世界上第一个无人驾驶的月球车送上月球。1971 年 9 月，美国"阿波罗" 15 号飞船登上月球，2 名宇航员驾驶月球车在月面上行驶了 27 和 35 千米。

9. 卫星式飞船

卫星式飞船由密封的回收舱和设备舱组成，返回时，设备舱与回收舱分离，然后在大气层中烧毁。

成功返回，是载人航天必须解决的一个关键技术问题。这中间存在许多失之毫厘差之千里、一步失误全盘皆输的技术因素。

1960 年 5 月~1961 年 3 月，前苏联曾 5 次进行卫星式飞船的发射、飞行和返回试验，其中两次回收失败，3 次回收成功，检验了飞船的结构性能。实验证明，卫星式飞船可以保障载人飞行和返回的安全。同时，通过大量的太空生物试验，证明了人可以经受住航天环境因素的考验。

10. 可见光遥感器

人们眼睛能看见的光波被称为可见光，所以光遥感是普遍应用的遥感方式，它工作在波长为 0.4~0.7 微米的可见光波谱段。它能把人眼睛可以看见的景物真实地再现出来，它的优点在于直观、清晰、易于判读。常见的可见光遥感器是照相机，目前卫星上的照相机在 160 千米的太空拍照，其地面分辨率达 0.3 米，也就是说，可以分辨地面走动的人。但它的不足之处在于，可见光遥感只能白天工作，而且受云雨、雾等气象条件影响很大。

11. 红外遥感

工作在波长 *0.7~1000* 微米的红外波段就是红外遥感。它是根据物体表面温度高于 *-273℃* 时，都具有辐射红外线的物理特性，来测得物体红外辐射强度、波段和温度的，从而识别伪装并可进行夜间观察。红外遥感常用于寻找地下热源、发现森林火灾、监视农作物病虫害等。红外遥感虽然能在夜间工作，但它却无法穿透厚厚的云层。常用的红外遥感器是光学机械扫描仪。

12. 多光谱遥感

把可见光遥感和红外遥感技术性结合起来就是多光谱遥感。它是根据不同物体对不同波长的光线具有不同反射能力的原理，利用多个相机或多通道传感器对目标摄影或扫描，从而同时获得目标在不同光谱带的图像，然后，选取若干张照片进行组合，可得到一张假彩色照片。假彩色照片是指照片颜色与真实物体不同的照片，例如田里的小麦本来是绿色，但在假彩色照片里故意将小麦变为红色，目的是使人看得更清楚。人们观看假彩色照片就可以知道地面景物。一般的多光谱遥感器有多谱段相机和多光谱扫描仪。

13. 微波遥感

微波遥感能感测比红外辐射波长更长的微波辐射，工作波长在 *1~1000* 毫米的电磁波段。它具有穿云破雾、夜间工作的能力，是一种全天候的遥感手段。微波遥感器有主动式和被动式两种。主动式有合成孔径雷达、雷达测高计和微波风场散射计等，它们主动向地面发射微波并捕获目标的回收，收获得目标图像或参数；被动式有微波辐射计等，它是直接感测目标的微波辐射强度，以获取目标的参数。微波遥感可以观察云层覆盖下的景物，获取的图像具有鲜明的立体感，因此，在地图学研究中广泛应用。

14. 阿尔法磁谱仪

阿尔法磁谱仪（Alpha Magnetic Spectrometer，简称 AMS）是由永磁体、上下各两层的闪烁体、紧贴永磁体内壁的反符合计数器、内层的 6 层硅微条探测器以及契伦科夫探测器等组成。

阿尔法磁谱仪的主体结构是由铷铁硼材料制成的永磁体，其重量约 2 千克，是一个高 1 米、直径 1.2 米、长 0.8 米的空心圆柱体，其中的磁场强度为 1400 高斯，能长期在太空中稳定工作。AMS 可根据磁场反应的粒子电荷以及粒子的轨迹、速度、质量等信息，进而可以推断粒子的正与反。可以说，AMS 是当今最先进的粒子物理传感器。

科学家们想要 AMS 在太空探测什么？有的学者指出，因为星球内部产生核聚变反应时，一定会有碳产生，假如能够探测到一个反碳粒子，就说明有一个产生这个反碳粒子的反星球存在，也等于找到了反物质世界的直接证据。但反碳粒子在宇宙间微乎其微，所以，科学家们更抱有希望的是，AMS 实验能探测到比反碳粒子多得多的反氦粒子，这将被视为反物质世界的间接证据。

航天实验表明，阿尔法磁谱仪运行状况良好，经受住了发射升空时的剧烈震动和严酷的太空工作环境的考验，捕捉到许多宇宙射线带电粒子的踪迹。按照预定的计划，阿尔法磁谱仪将于 2001 年 2 月装载到阿尔法国际空间站上，它将作长达 3 年的反物质空间探测。

15. 太空货车

目前只有一种专门运输货物的航天飞船，那就是苏联/俄罗斯的"进步"型和"进步 M"型货运飞船。

在 1986 年 2 月到 1991 年 2 月期间，苏联/俄罗斯在太空拥有"礼炮 7"和"和平"号两座航天站。1986 年 3 月 13 日，苏联发射了"联盟 T15"号载人飞船，航天员是列·基齐姆和弗·索洛维耶夫。

两天后，即这年的 3 月 15 日，"联盟 T15"号飞船首先与入轨不久的"和平"航天站对接。两名航天员检查了飞船与航天站对接部件的密封情况后，进入"和平"号航天站。他们调试了站上的 1000 多件仪器设备，卸下了"进步 26"号货运飞船送来的物资，为"和平"号航天站开始接待航天员前来工作做好了准备。

50 天后，即这年的 5 月 5 日，"联盟 T15"飞船与"和平"号航天站——"进步 26"号货运飞船联合体脱离对接，然后驶向"礼炮 7"号航天站，行程 3000 多千米，于 5 月 6 日与"礼炮 7"航天站——"宇宙 1686"号无人飞船联合体对接。两名航天员进入这个联合体工作，进行了多项科学考察和实验活动，多次出舱行走，组装大型构件。

52 天后的 6 月 27 日，"联盟 T15"飞船脱离"礼炮 7"号航天站，并再次与"和平"号航天站对接。两名航天员进站工作到 7 月 16 日，然后离开"和平"号航天站返回地面。

人们将在两座航天站之间来回飞行的"联盟 T15"号飞船称为"太空第一辆公共汽车"。

16. 太空站

太空站是具备一定实验和空间条件，并可供宇航员生活和工作的长期运行的航天器，又称空间站、轨道站或航天站。

太空站的建立，使载人航天进入实用阶段，对科学研究、国民经济和军事都具有重大价值，在航天事业上起着很重要的作用。

因为太空站具有重要而广泛的应用价值，所以备受世界各国的重视。前苏联在 1971 年首先发射了世界上第一个太空后，又相继发射了多个太空站。美国于 1973 年发射了一个"天空实验室"太空站，日本、加拿大和西欧各国也致力于太空站的建立。不久的将来，太空站将成为各国在太空竞争的战场。它在军事上的应用也有广阔的前景。

17. 天空实验室

1973 年 5 月 15 日美国用两级的"土星 5"号火箭发射了试验性航天站的主体，由轨道工场、多用途对接舱、气闸舱、仪器舱和"阿波罗"望远镜等组成。

由于轨道工场在发射过程中出现故障，于是便用"阿波罗"计划中研制的"土星 1B"火箭，于 1973 年 5 月 25 日发射"阿波罗"飞船的指挥舱和服务舱，将 C·康拉德、J·克尔温和 P·韦茨三名航天员送上"土星工场"进行抢修。他们在太空生活 28 天，拍摄各类照片近 4 万张，记录资料磁带 1.4 万米。

7 月 28 日，第二批 3 名航天员进入"土星工场"，他们拍摄太阳照片 77000 多张、地球照片 14000 多张，记录资料磁带 42000 米，在太空生活 59 天。

11 月 16 日，第三批 3 名航天员进入"土星工场"，他们的重点任务是对地面进行战略侦察，拍摄地面照片 20000 张，记录资料磁带 45000 米，也对太阳和康浩特彗星进行了观测，拍摄照片 75000 张，在太空生活 84 天。

由"土星工场"和"阿波罗"飞船指挥舱、服务舱组成的"天空实验室"，全长 36 米，重约 91 吨，工作容积 327 立方米。

18. 国际航天站

1981 年航天飞机试飞成功后，美国航宇局便在酝酿宏伟的航天站计划，提出了"大型载人航天操作中心"、"大型轨道结构"等许多构想，1983 年还成立了一个 60 人的特别工作委员会，研究航天站的用途。

1984 年 1 月 25 日，美国总统里根批准建造永久性航天站的计划，要求在 10 年内建成，取名"自由"号。

大概是因费用庞大，美国邀请日本、加拿大和西欧盟国参加，但盟国却心存疑惑。计划难以进展，迫不得已，里根总统于 1987 年 4 月宣布缩小规模，推迟到 1994 年建成。1988 年 1 月与盟国达成协议，改为"单龙骨"结构，1996 年建成。但实际进度到时只能完成第一阶段的工程。而且核算表明，到完成 2/3 工程时，维护工作量就已超过所能负担的极限。不得已再次缩小规模，推迟到 1997 年建成。

苏联解体、"冷战"结束，由于失去"冷战"的动力，众议院拨款小组的政治家们更在 1991 年 5 月拒绝拨款，建议取消计划。这引起盟国的担心和不满。同年 6 月，经激烈辩论，众议院决定在 92 财年拨款 19 亿美元。这简直是杯水车薪，因为这时估算，完成整个计划需要近 1200 亿美元。1992 年 10 月，布什总统批准拨款 21 亿，并强调建造航天站是实现航宇目标"一个不可少的步骤"。

1993年3月,克林顿总统要求重新设计方案,并确定其性质是"单纯的太空科学实验室"。

由于俄罗斯无钱建造新的航天站,美国则想借助俄罗斯的载人航天技术,两个前"冷战"对手于1993年9月签订协议,在各自现有航天站基础上,建立包括欧洲航天局、日本和加拿大部件的"阿尔法国际航天站",后定名为"国际航天站"。

19. 太空发电站

多少年来,科学家们一直在设法寻找一种既清洁又取之不尽的能源。他们认为,最好的办法是向太空要电能,建立一个沿着地球轨道运行的太空电站,通过光电板吸收太阳辐射,然后以微波形式把这些吸收的能量发往地球。

如今,一个命名为SPS2000的太阳能卫星计划的实施,将使这一设想变成现实。这颗卫星呈等边三棱柱状,边长336米,高303米,重240吨,三棱柱的两面覆盖着由硅构成的太阳能板,另一面安装着向地球输送微波的天线。

这所电站,实际上是一颗能产生1万千瓦电能的巨型卫星。

20. 太空望远镜

最早的太空望远镜是"哈勃"太空望远镜,它于1990年4月20日,由航天飞机载上太空,开始了为期15年的探索宇宙秘密的使命。这架太空望远镜价值15亿美元。

由于太空望远镜运行在数百千米的地球轨道上,地球大气对天文观测的一切干扰都摆脱了，所以，它的威力将远远超过地面上所有光学望远镜。当然，这个太空望远镜高超的图像分辨能力，超距离的观察范围，处理资料的惊人速度是任何望远镜也无法代替的。美国帕洛玛山天文台上的海尔望远镜，口径达 5 米，能够观测到 20 亿光年之远的天体。太空望远镜的口径虽然只有 2.4 米，却能观测到 140 亿光年之遥的天体，而且其分辨能力比在地面观测要高 10 倍。海尔望远镜只观测到 23 等星，而太空望远镜却能观测到 29 等星的暗弱天体。23 等星相当于在 500 千米高的夜空中观察地球上点燃的一支蜡烛。

假如说，17 世纪伽利略望远镜的问世是天文学发展史上的第一个里程碑，那么，太空望远镜的诞生就是天文学发展史上的第二个里程碑。

由太空望远镜所摄取的光和其他辐射都是几百万年甚至几十亿年以前从遥远的星系到达近地空间的，所以，太空望远镜观察到的宇宙，等于把人类带到若干世纪以前的时代。千万不要忘记，它所获得的一切信息，都是几百万年甚至几十亿年以前星系活动的真实记录。

21. 航天服

从功能上讲，宇航服其实就是个小太空舱，外壳具有伸缩性，里里外外总共有 10～20 层，重达 50 多千克，且每层之间还要用防热的玻璃纤维布衬着。因为太空里有很多岩石，如果衣服太薄，就很容易被割破。只有厚衣服才能抵御宇宙线辐射和高温，以免身体被灼伤。

由于要让宇航员穿着航天服能进食和大小便，手腕和双膝等关节部位能弯曲伸缩等等，因此航天服内的各种管线纵横交错。这些管子有的负责送空气，有的负责送水。衣服上还有加压设备，让宇航员感到一点儿重量，免得身体血液在没有压力的情况下沸腾起来。此外，航天服上还有一个圆形透明的头盔，可以挡住红外线。

在航天服的背上还有一个大背包，它在各个方向上安装有喷嘴，利用它向不同方向喷气所产生的反作用力，可以使宇航员前后左右上下自由运动。

22. 航天飞机

航天飞机与普通飞机不同，它是往返于地球表面和近地轨道（距地面 $185 \sim 1100$ 千米的椭圆形轨道）之间的、可以重复使用的大型运输工具。由于它是靠火箭发射的，所以航天飞机可以冲出大气层，"饱览"空中的美景。

航天飞机对人类有着十分广泛的用途，它可以携带卫星，并可将卫星放置在天空中的任意位置；它还可以在天空中及时修理出了毛病的卫星；能很方便地回收各种各样的卫星；作为交通工具，它可以向真正的人造"天堂"——航天空间站，运送宇航人员、物品，运送建造航天站、太空太阳能电站等大型空间建筑的材料；航天飞机甚至可以作为空中的公共汽车，往返于地球与太空之间；在军事上，它可以对地面、空中的目标进行跟踪、侦察、拍照等等。

23. 空天飞机

目前，航天飞机是人类探索太空的主要工具，不过，科学家已经在研制比它还优越的空天飞机了。

与航天飞机一样，空天飞机是可以在地面与太空之间来回飞行的运输工具，所不同的是，航天飞机需要火箭推进飞入太空，而空天飞机是由普通飞机用的涡轮喷气发动机驱动，只不过用的是液氢燃料。

空天飞机能以每小时 *1.6 ~ 3* 万千米的速度在大气层内飞行，而且可以直接加速进入环绕地球运行的轨道，返回大气层后，又可像飞机一样在机场上着陆。

空天飞机在飞行时，由于和地球大气层产生剧烈摩擦，它的头部和机翼前缘的表面温度可达 *2760* 摄氏度，因此，空天飞机对材料的应用要求比航天飞机还要高。与航天飞机相比，空天飞机不需要规模庞大、设备复杂、造价昂贵的发射场，并且空天飞机完成一次飞行后，经过一星期的维护就能再次起飞，这样，就大大降低了成本。

24. 航天母舰

我们大家都知道，发射卫星、飞船和航天发射场的位置应设立在尽量靠近赤道的低纬度地区，因为只有在纬度为零情况下，航天器才能达到最大的速度优势——火箭速度加上地球自转速度。像俄罗斯的拜科努尔发射场、美国的卡纳维拉航天中心、法国的库鲁以及日本的内之浦宇宙发射场、中国的西昌卫星发射中心等，都是基本符合这一条件的优良的航天发射基地。

不过，不管哪一个发射基地，都有不足之处，因为它限制了航天器轨道平面的倾角方案和用于其他目的的发射能力，有时还受到气象条件的干扰。于是，有人就想，如果建造一艘大吨位，能从赤道附近的国际海域发射航天器的"航天母舰"的话，不仅纬度的优势将更明显，而且以上几点不足也将消失。此外，从海上发射有助于选择任何一个合适的地点、时间发射，发动装置和其他一些珍贵的零部件也可能得到再次利用。这一设想也许很快就能变成现实。

25. 原子能航天母机

谁都知道航空母舰是海上的霸王，它可以装载几十架作战飞机，并且可以在它巨大的甲板上起飞和降落。但海上霸王固然威风，但也有不足之处，那就是它只能使飞机飞上天空，而不能使飞机飞向太空。

那么，有没有这样一种运载工具，既能把飞机送入太空，又能让飞机安全返回？那就是科学家们梦想中的"航天母舰"——未来的航天母机。

未来的航天母机不是漂浮在海上，而是航行在天上，是天上的霸王。

原子的体积极小，一亿个原子排列成一条线，还没有一个成人的小手指甲那么大。原子虽然个头小，它的能量却大得惊人。1 公斤的铀全部裂变可产生 182 亿千卡的热量，相当于 2600 吨标准煤全部燃烧所放出的能量。

如果用原子能作动力，制成原子能航空发动机，那么，只要装上0.5 公斤的原子燃料，就可以连续飞行十几万千米。

以原子能为动力的航天母机是个庞然大物，它长为 300 米，宽 45 米，总重量为 2100 吨，由 4 台原子能涡轮喷气发动机推动飞行，绕地球飞行一周约需 6 个小时。

26. 飞艇型航天母机

飞艇对我们来说都挺熟悉，从 1852 年世界上第一艘飞艇升空开始，这种靠充入轻于空气的气体升空并依动力推进的飞行器，曾有过一段辉煌的历史。直到 1937 年，著名的"兴登堡"号飞艇在载客飞行中发生爆炸，飞艇在 *34* 秒内化为灰烬，*33* 人葬身大海，从此这种飞行器才在空中销声匿迹。

然而，"兴登堡"号惨案并没有使人类放弃对飞艇的研制，科学家们正在设计一种未来的飞艇。

未来的飞艇是一个巨型的飞艇，它长 *2.4* 千米，能载客 *3400* 人。飞艇的机壁由最先进的 *3* 米厚蜂窝状复合材料制成，艇内充入氦气，非常安全。这个巨大的飞艇由 *160* 部发动机推进，速度每小时可达 *160* 千米。

在飞艇的顶部还设有可供直升飞机和短距离起降飞机使用的跑道，在底部有一个巨大的屏幕，可向地面播放新闻、娱乐等节目。由于飞艇太大了，无法在地面停降，它只能长期处于飞行状态，因而它作为母艇还有 *6* 艘小飞艇，这些小飞艇可以与母艇连接或分离，作为与地面联系的交通工具。

27. 飞翼型航天母机

飞翼是指一种无机身、无尾翼，仅有机翼的一种飞行器，它具有结构简单、飞行阻力小、载重量大等特点。科学家们想用很多个这样的飞翼，在空中对接成航天母机。

航天母机一般不着陆，一直绕地球做巡回飞行。从地面上起飞的地区性飞机可直接飞进航天母机，进入航天母机后，乘客可在航天母机内的豪华餐厅或游艺宫里度过愉快的空中旅行生活，也可以换乘航天飞机到宇宙中去旅行。当乘客要返回地面时，可再转乘地区性飞机飞回地面。由此可见，航天母机又成了名副其实的空中机场。

航天母机除了可以运输旅客、起落航天飞机外，还可以当作宇宙开发基地。从这个基地，可以起飞和降落宇宙公共航班飞机或宇宙游览飞船，飞往新建设起来的宇宙城市。从这个基地还可以向太阳系发射火箭，探测更遥远的宇宙空间。

航天母机一旦研制成功，将会大大丰富人们的生活，到时人们在宇宙去游玩就像到大街上去一样方便。

28. 火箭

1883 年，宇宙航行理论奠基人、俄国科学家齐奥尔科夫斯基指出，能在太空真空中工作的火箭，可以做为宇宙航行的动力工具。

到 *1903* 年，齐奥尔科夫斯基进一步提出火箭公式，指出火箭的飞行速度与火箭发动机的喷气速度成正比，并指出，黑色火药一类的固体火箭燃料，产能效率低，无法使火箭达到宇宙速度，应该使用液氢液氧这样的液体燃料。同时，火箭公式还表明，火箭的自身结构质量越小越好，燃料装得越多越好。这样，火箭公式就为发展现代火箭指明了方向。它被称为"齐奥尔科夫斯基公式"。

在火箭公式的基础上，齐奥尔科夫斯基还运用他巧妙的思维指出，用多级火箭接替工作的办法，可使火箭逐级提高速度，最后达到所需的宇宙速度。

火箭公式是把宇宙航行从理论、理想变为现实的转折点，后来人们将火箭公式誉为"宇宙航行第一公式"。

1957 年 *10* 月 *4* 日和 *1961* 年 *4* 月 *12* 日，苏联航天事业总设计师科·罗廖夫研制的火箭，分别将人类的第一颗人造地球卫星和第一名航天员送入太空轨道，建造了载人航天的巨大里程碑。

29. 多级火箭

空间运载火箭的任务是将空中飞行器发射到空中某一区域，这就需要火箭发射的速度很快。而在空中飞行的人造卫星，只有达到每秒7.9公里才不会掉向地面，飞到月球或其他星球上的人造卫星速度要达到每秒11.2公里左右。火箭是靠往后喷发出的气体产生的反作用前进的，气体喷出的越快，火箭向前的速度越快，这需要携带大量燃料，如果再加上地球的引力和空气的阻力，单级火箭是完不成这个任务的。为了满足空间飞行器速度只有用多级火箭，多级火箭是由若干个单级火箭组成，每个单级火箭组成一级，每级火箭有自己单独的火箭发动机和推进剂，并且每一级火箭都在前一级火箭已经达到的速度基础上开始工作。每级火箭的燃料用尽之后会自动掉下来，最后一级火箭所达到的速度，完全可以把空中飞行器送到空中，我国的火箭发射技术已达到世界先进水平。

30. "阿波罗"飞船

"阿波罗"飞船由指挥舱、服务舱和登月舱组成。发射时从上至下以指挥舱——服务舱——登月舱的次序与"土星5"号火箭的第3级相连，在指挥舱的上面还有发射应急逃逸塔。

"土星5"号火箭载着"阿波罗"飞船从肯尼迪航天中心升空，达到61千米高空时，第一级火箭分离，第二级火箭工作。在达到185千米高度时，第二级火箭分离，第三级火箭工作约两分钟，将飞船送入绕地球飞行的轨道。在到达发射场上空前，第三级火箭再次点火工作约5分钟，将飞船推出绕地球飞行的轨道，飞向月球。

进入奔月轨道后，第三级火箭上保护登月舱的外罩分成4瓣分离。然后飞船的指挥舱与服务舱一起与登月舱暂时分离，并调转180度，让服务舱在前，指挥舱与登月舱对接。最后，登月舱与第三级火箭脱离连接。整个飞船以服务舱——指挥舱——登月舱的次序飞向月球。

返回时，登月舱上半段与指挥舱对接，两名登月航天员进入指挥舱后，抛弃登月舱上半段，进入返回地球的航程。接近地球后，服务舱与指挥舱分离，指挥舱载着 3 名航天员再入地球大气层，最后打开降落伞，溅落在夏威夷附近的太平洋上。

从 1969 年 7 月到 1972 年 12 月，除"阿波罗 13"号登月失败外，先后有 6 艘"阿波罗"飞船送 12 人登上月球。

31. 火星的火山

现正在围绕火星运转的欧洲"火星快车"探测器拍摄到火星奥林匹克山顶一幅高质量彩色照片，该山是太阳系中最高的火山。从照片中可以看到复杂的火山口，火山口深 3 千米，其横截面约为 80 千米。火山拥有几个塌陷处，彼此又部分重叠，都是在火山各次喷发时形成的。看来，这火山喷发是在很早很早以前发生的，因为那时在火星上曾经历火山活动时期。

32. 太空生物材料

人一到 30 岁以后，骨质就开始丢失，严重的患者会出现骨质疏松症。据统计，我国现有 40 岁以上人群骨质疏松症的发病率为 16.1%，而 60 岁以上老人的发病率则为 22.6%，80 岁以上老人的发病率为 50%。

那么，有没有办法延缓骨质的丢失过程呢？研究人员利用太空生物医学的研究表明，在失重环境下，导致骨质丢失更为迅速，因此生物在太空中丢失骨质的原理特别典型。研究人员正在利用太空生命科学作为实验基础，研制治疗骨质疏松症的药物。

人衰老的进程由骨质疏松表现的另一个外在症状是髋骨骨折。髋骨骨折后的治疗一般是重新植入人工骨骼，但是植入物一般只能维持十年，然后又得重新植入，不仅增加病人的痛苦，而且经济负担也十分沉重。而太空研究的启示是，使用类似于自然骨骼的陶瓷材料作为人造骨就是一种新的选择。

33. 太空分子产品

科学家正在利用太空环境研究生物分子结构，以生产新的药物和蛋白质。研究人员发现，在太空失重条件下蛋白质晶体可以生长得比在地球上更大，结构更完整，从而可以进行更方便的分析。通过对这些蛋白质晶体的分析，能更深入地了解蛋白质的秘密，比如其结构和功能的关系，从而进一步了解蛋白质、酶和一些病毒在生命与健康中的作用。

研究人员利用太空环境进行生物分子研究所取得的一些成就主要在蛋白质晶体生长方面。在航天飞机和空间站中，利用失重控制晶体生长，已经生产出了较大的蛋白质晶体。比如，溶菌酶是细胞内产生的物质，对杀灭病菌和保护健康是非常有用的，研究员已经在太空中生产出了非常大的溶菌酶晶体，这对研究其结构和功能非常有利。又比如，血浆白蛋白是生物循环系统和血液中最常见的蛋白质，对于提高免疫力和杀灭病原体具有重要作用。现在，白蛋白自己已在太空失重条件下合成出来了，这对白蛋白的药理并制造出新的药物有指导作用。

34. 曲线登月

当年，"阿波罗"首次登月，引起巨大的轰动。也许，你会理所当然地认为，它登月飞行所走的轨迹是直线，因为两点之间直线最短，肯定既经济又省时。

其实不然，阿波罗飞行实际上是沿着一条十分复杂的曲线进行的：先通过一、二级火箭把飞船送入 180 千米的圆形环地轨道。在此轨道上运行 1.5～2 周后，再通过第三级火箭的推动使飞船达到第二宇宙速度进入奔月轨道。在飞船距月面约 110 千米时，进入先椭圆后圆形的环月轨道。在作了 13 周的绕月飞行后才由登月舱正式登月。

为什么登月飞行要走曲线呢？这是因为，地球、月球都在运动之中，火箭的发射都得考虑这种运动。选择最佳的航行轨道对规划飞行时间、优化火箭设计等都是必不可少的。再则，登月飞行是空前规模的航天创举，虽有充分而精确的前期试验，但在正式奔月和登月之前，先在绕地、绕月的"停泊轨道"上逗留做冲刺前的精心调整，也是十分必要的。

35. 太空旅行

美国安德鲁航天技术研究所已研制出一种新型推进方案，取名为"炼金师"。该方案能够大幅度降低航天飞机起飞和飞行的费用。因而，几年来一直停留在宣传阶段的太空旅行不久将成为现实。

与以往的设计不同，航天飞机将不再凭借自己的力量起飞，而是由一架类似波音 777 的飞机来运载。如果采用传统的垂直推进方式起飞，航天飞机需要非常大的推力才能克服重力，而采用运载飞机可节省很多花在推进剂上的费用。另外一项降低费用的举措就是减轻安装在运载飞机上的航天飞机的重量，使之降低到通常起飞重量的五分之一。其中的奥秘在于，航天飞机的燃料箱里只装氢气。至于推进器工作所必需的、占推进剂总重量 80% 的氧气则由运载飞机和航天飞机在大气中共同生成。为此，它们需要在 *8000* 米高空盘旋 *3* 个小时之久。在盘旋的过程中，由涡轮机吸进的空气只有 *20%* 在推进器中燃烧，剩余的空气从燃烧室旁边的管道中通过。通过热交换器使这些空气充分冷却，变为液态；然后在离心机中分离空气中的其他成分；最后剩下纯液氧，其中的一部分被抽取到航天飞机的燃料箱里。在这之后，运载飞机和航天飞机发动火箭推进器，升到 *5* 万米的高空。在那里，航天飞机与运载飞机分离，航天飞机使用自己储备的氧气飞入太空。

这种背负式技术还有另外两个优点：首先，航天飞机可以在世界上任何一个大型机场起飞；其次，起飞时的水平位置会让旅客们觉得更舒适些。富翁丹尼斯·蒂托飞往国际空间站花了 *2000* 万美元，但 *15* 年后，我们的太空之旅或许只需花费大约 *2* 万美元。

36. 飞机发射卫星

我们都知道，要把卫星从地球送到太空，必须要克服地球的强大引力。传统的发射卫星方式是利用火箭作为运载卫星的工具。将卫星固定在火箭的前端，火箭点火后，在极短时间内达到第一宇宙速度，从而使卫星脱离地球，在太空中环绕地球飞行。

可是，这种传统的发射卫星方式有一个缺点。发射卫星时，往往需要多级火箭。况且，火箭都是一次性使用，不能重复利用，因此，随着火箭级数的增加，卫星发送的成本就跟着急剧增加。

能不能既节省投资，又能安全可靠地将卫星发送上天呢？有人把目光投向了飞机。现在，飞机的技术日趋完善，人们设想，用飞机将卫星带到尽可能高的高空，借助飞机的速度和高度，只要使用一级火箭就可以发射卫星了。这样，不仅可以大大节省卫星发射的地面设备，还可使相同质量卫星发射的成本大大下降。目前，利用飞机发射卫星的技术已基本成熟，即将投入正式使用。

37. 模拟天空

　　天空也能人造吗？英国科学家已经建了一个直径 8 米，安装着 640 个灯泡的大圆顶，这就是人造天空。这个人造天空能够模拟地球上任何气候条件下的光照情况，用来测量各种云层遮蔽天空时进入室内的太阳光辐射量，还用于测量不同时刻、不同气候条件和不同地区在一天中所得到的室内光照量。通过研究，人们能在将来更好地利用太阳能。

第三章

天文科技馆的发展介绍

1. 宇宙

广漠空间和其中存在的各种天体以及弥漫物质的总称。《淮南子·原道训》注:"四方上下曰宇,古往今来曰宙,以喻天地。"宇宙,一般当作天地万物的总称。常有"观测到的宇宙"和"物理宇宙"之说。"观测到的宇宙"即总星系,是人们用肉眼或仪器观测到的整个宇宙空间及存在的各种天体、弥漫物质的总称。它有一个边界,即探测工具的极限。现在已能观测 200 亿光年的宇宙深处。这个范围内包含了 10 亿个以上的星系。"物理宇宙"即物理现象上进行解释的宇宙。它在空间上是无边无沿的,在时间上是无始无终的,部分为人们所见,大部分为人们观测所不及。它是一个物质世界,处于不断运动发展之中,作为整体,它不生不死,无始无终。

2. 星座

星空中一块特定的区域及在其中的一组星群。西方原先是用来标志天空中被想像或构成一定图形的一组星群的名字;也用来指天空中任何一块确定的区域。与中国古代将星空分为三垣二十八宿的作法相似。三垣是北天极周围的 3 个区域,即紫微垣、太微垣、天市垣。二十八宿是在黄道和白道附近的 28 个区域,即东方七宿:角、亢、氐、房、心、尾、箕;北方七宿:斗、牛、女、虚、危、室、壁;西方七宿:奎、娄、胃、昴、毕、觜、参;南方七宿:井、鬼、柳、星、张、翼、轸。现在天文学上使用的星座体系始于几千年前迦勒底和埃及天文学家,后来为希腊和罗马天文学家进一步发展。他们选出显著的星群,以神话中的人物或动物等为星座命名。公元 2 世纪,北天星座名称已大体确定;公元 17 世纪,环球航行成功,南天 48 个星座才逐渐确定。1928年，国际天文学联合会公布了88个星座方案，并规定以1875年的春分点和赤道为基准的赤经线和赤纬线，作为星座界限。全天分为88个星座，大小不一。

3. 恒星

由炽热气体组成的、能自己发光的球状或类球状天体。太阳是离地球最近的一颗恒星。晴朗无月的夜晚，一般人用肉眼可看到大约3000多颗恒星；在望远镜中，我们已经看到的恒星在几百万颗以上。太阳所在的银河系中，估计约有恒星一二千亿颗。直观上恒星在星空中的位置似乎总是不变的，所以古代人把它们称为恒星，实际上这只是因为它们离我们太远。除太阳外，最近的恒星——半人马座比邻星，它发出的光到达地球需4.22年。不借助于特殊工具、特殊方法，就很难发现它们在天球上位置的变化。

恒星的物理特性可用距离、亮度、光度、质量、直径、温度、压力和磁场等基本参量来表示。恒星的成分，一般按重量而言约为70%的氢、28%的氦、1.5%的碳、氮、氧和氖，以及0.5%的铁族元素及更重的元素。理论分析表明，在演化过程中，恒星内部的化学组合会随热核反应过程的改变而逐渐改变，重元素的含量会越来越多，但恒星大气的化学组成却一般变化较小。

恒星的命名从根本上说，是由其赤经、赤纬来确定，但亮星可根据它所在的星座，一般用希腊字母来命名，α代表星座中目视最亮的恒星，如猎户座α（参宿四）是猎户座中目视最亮的恒星。

4. 新星

爆发变星的一种，又称新见星、暂星、客星。新星不是新产生的星，只是这种星在爆发前比较暗，而在爆发后一段时间内才能看到，故名新星。新星光度增加阶段所经时间不长，其光度即会突然增加到原来的几万、几十万甚至几百万倍，然后又逐渐衰减，缓慢地恢复到原来的亮度。这是恒星演化晚期阶段所发生的小规模爆发现象。按光度下降速度可分为快新星、慢新星、非常慢新星三类。不止一次爆发的新星称为再发新星，爆发规模和光度增亮比新星更大的称为超新星。一般新星回复到爆发前的亮度要经历 *1* 年甚至 *10* 多年的时间。在银河系中已发现的新星约有 *200* 多个。中国古代有极丰富的新星观测记录，经考证约有 *90* 个。第一颗用光谱观测研究的新星是北冕座 T 星（*1866* 年），第一颗用照相方法研究的是御夫座 T 星（*1891* 年），武仙座 DQ 星（*1934* 年）的光学观测资料最为完整。据估计，银河系每年出现 *30~50* 颗新星。

5. 超新星

爆发变星的一种，又称灾变变星。爆发时，其亮度增加比新星强得多，光变幅度超过 *17* 个星等，即增亮千万倍至上亿倍。这是恒星世界中已知的最激烈的爆发现象。超新星爆发是恒星"死亡"的一种形式。爆发结果使恒星或是物质完全抛散，成为星云遗迹，结束了恒星演化史；或是抛射大部分质量，遗留下的部分物质坍缩为白矮星、中子星或黑洞，从而进入了恒星演化的晚期和终了阶段。超新星爆发后形成强射电源、γ 射线源和宇宙射线源。超新星是罕见的一种天文现象。有历史记载以来，在银河系中观测到的超新星有 *5* 颗，且都是在望远镜发明以前用肉眼发现的。其中 *4* 颗是：*1006* 年豺狼座超新星、*1054* 年中国记载的金牛座超新星、*1572* 年第谷发现的仙后座超新星、*1604* 年开普勒发现的蛇夫座超新星。河外星系的超新星于 *1885* 年在仙女座星云里首次发现，至本世纪 *80* 年代初，已发现 *500* 多颗。关于超新星爆发机制的假设和理论有许多种，其中较为公认的是大质星恒星晚期演化的核爆炸理论。超新星用 SN 表示。

6. 耀星

爆发变星的一种，亮度在平常时基本不变，但突然会在几分钟甚至几秒钟内增强，光变幅度从零点几到几个星等，个别的可达 10 个星等以上，经过几十分钟后又慢慢复原，这种现象称为耀星或耀变。耀星爆发时有很强的紫外辐射。目前有两类耀星：一类是在太阳附近的耀星，以鲸鱼座 UV 星为代表，都是 M 型矮星；另一类是在星团或星协里发现的耀星，平时不出现发射线或发射线很微弱，但爆发时氢和电离钙的发射线出现或增强。太阳附近的耀星，它的耀变不是整个星的爆发，而是类似于太阳的耀斑活动的爆发，不过规模相对要大得多。目前，在太阳附近已发现 100 颗耀星。

7. 星云

银河系内太阳系以外一切非恒星状的气体尘埃云，是银河星云或河外星云的简称。过去，在星云性质不清楚之前，把星云分为河内星云和河外星云两种。河内星云实际就是这里所指的星云，是银河系内的星际物质；河外星云就是现在说的河外星系，简称星系，是位于银河系之外的，与银河系相似的庞大恒星集团。星云的形状不一、亮度不等。从形态上可分为：广袤稀薄而无定形的弥漫星云；亮环中心具有高温核心星的行星状星云；以及尚在不断向四周扩散的超新星剩余物质云。

8. 星际物质

存在于恒星之间的物质。星系中恒星之间的空间称为星际空间。

由于星际分子、宇宙微波背景辐射和星系冕的发现，使人们认识到星际空间并不是真空，而是充满着物质。星际空间大量的物质处于不可见状态，人们感觉到的只是其中很少的一点。星际气体、星际尘埃、各种星际云都是星际物质。星际物质的总重量约占银河系总重量的 10%，平均密度为 10^{-24} 克/厘米^3，相当于每立方厘米一个氢原子，而地球上实验室中目前达到的真空度为 32000 个质点/厘米^3，比星际云的密度 $10 \sim 10^3$ 个质点/厘米^3 还要高得多。星际气体包括气态原子、分子、电子、离子，其元素的丰度与太阳、恒星、陨石相似，即氢最多，氦次之，其他元素很低。星际尘埃是直径约 10^{-5} 厘米的固态物质，分散在星际气体中。星际尘埃散射星光使星光减弱的现象称为星际消光。

9. 总星系

宇宙中人类所能观测到的部分。是比超星系团更高层次的天体系统，一般认为它的尺度为 100 亿光年。通过星系计数和微波背景辐射观测，证明了总星系的物质和运动的分布在统计上是各向同性的和均匀的，正符合宇宙学原理。总星系中含量最多的物质是氢，其次为氦。总星系存在系统红移，说明总星系在均匀膨胀。总星系是通过大爆炸形成的，还是由比它更大的系统坍塌而成，尚无定论，但前者得到更多的支持。

10. 河外星系

由几十亿至几千亿颗恒星以及星际气体和尘埃物质等构成，占据几千光年至几十万光年的空间的天体系统。银河系以外的星际称为河外星系，一般泛称为星系。星系是宇宙中天体存在的一个重要层次。

天文学家哈勃是星系天文学的奠基人，是他首先发现了仙女座星云、三角星云和NGC6822中的造父变星，并根据造父变星的周期——光度关系定出这几个星云的距离，确定了这几个星云是存在于银河系之外，这标志着星系天文学的开始。研究星系主要从星系的结构和形态、星系的分布、星系的运动和质量、星系的物理性质及演化机制等几方面进行的。星系的结构和形态是极为复杂的，所以星系的分类也是多种多样的。可以把星系分为正常星系和特殊星系两大类。根据星系的形态可以把星系分为椭圆星系、漩涡星系和不规则星系三大类。星系的视分布为有规律地从银极向银道递减，在银道面左右形成一个隐带。星系内部的恒星在运动，而星系作为一个整体也在运动。

11. 星系群

　　尺度在*100～200*万秒差距范围由相互间有一定关联的若干星系组成的星系群体。星系群包含的星系数目约在*100*个之内，它是尺度和星系数都较小的星系团。星系群结构很松散，形状也相当不规则，主要成员为漩涡星系、不规则星系和某些矮椭圆星系，巨椭圆星系和SO星系则很少，本星系群就是一个很著名的星系群。

12. 星团

　　恒星的集团。它是一个由*10*颗以上的恒星通过彼此之间的引力作用而聚集在一起的恒星群。星团可分为球状星团和疏散星团两种。球状星团的各成员星球对称地密集在一起，其中心的恒星密度比太阳附近的恒星密度约高*1000*倍，即使用最大的望远镜也不可能把球状星团成员星分解成单颗的恒星。银河系中的球状星团大部分分布在银晕中。球状星团含有许多变星，是银河系内很老的天体。疏散星团的成员星彼此角距离较大，一般都可以分布成单颗的恒星。疏散星团大部分分布在银道带附近的狭带上，所以又名银河星团。

13. 银河

环绕星空的一条乳白色亮带，是银河系主体在天空上的投影。中国古称天河、银河、星河，英语直译为"牛奶路"Milky Way。银河共经过23个星座。用望远镜观测，可以看到银河是由为数众多的恒星和星云组成的。银河在星空勾画出轮廓不规则的带，叫作银道带。银道带最宽处达30°，最窄处也只有4°～5°。银河系的主体是一个薄盘形的，由恒星和星际物质构成的大集体。

14. 银河系

地球和太阳所在的恒星系统。它是一个普通的星系，因其投影在天球上的乳白亮带——银河而得名。银河系呈盘状，这个扁盘状恒星系统称为银盘。银盘上分布着呈漩涡结构的恒星、星系和星云。有一大质量的核球居于银盘中心。银河质量约1.4×10^{11}太阳质量，其中90%是恒星，10%是由气体和尘埃组成的星际物质。银河系整体作较差自转。太阳处在距银心约10千秒差距的银盘中，以每秒250公里的速度绕着银心转动，转一周需2.5亿年。伽利略是第一个用望远镜发现银河由恒星组成的人。按大爆炸宇宙理论，银河系是由10^{10}年前的大爆炸出现的引力不稳定而逐步形成的。

15. 太阳系

由太阳、大行星及其卫星、小行星、彗星、流星体和行星际物质构成的天体系统。太阳是太阳系的中心天体，占总质量的 *99.86%*，其他天体都在太阳的引力作用下绕其公转。太阳系中只有太阳是靠热核反应发光发热的恒星，其他天体要靠反射太阳光而发亮。

太阳系中的九大行星，按距太阳远近排列依次为水星、金星、地球、火星、木星、土星、天王星、海王星和冥王星。按性质不同可分为三类：类地行星（水星、金星、地球、火星）体积和质量较小，平均密度最大，卫星少；巨行星（木星、土星）体积和质量最大，平均密度最小，卫星多，有行星环，自身能发红外辐射；远日行星（天王星、海王星、冥王星）的体积、质量、平均密度和卫星数目都介于前两者之间，天王星与海王星也存在行星环。九大行星都在接近同一平面的近圆形的椭圆轨道上，朝同一方向绕太阳公转。

太阳系内还存在为数众多的小质量天体。主要集中在火星和木星的轨道之间。已准确测出轨道并正式编号的小行星有 *3000* 多颗。另外，在行星际空间还弥漫着稀薄的气体和尘埃，主要集中在黄道面附近。

16. 太阳

太阳系的中心天体，是行星的光和热的源泉。它是银河系中的一颗普通恒星，位于距银心约 *10* 千秒差距、银道面以北 *8* 秒差距处，并与其他恒星一起绕银心转动。

太阳是一个直径约 1.4×10^6 公里的气体球，由于引力的作用，太阳的密度和温度是向内增加的。表面温度约 *6000*K，密度极其稀薄。太阳中心温度超过 1.5×10^7 K，压力约 3.4×10^{12} 牛顿/厘米^2，密度达 *160* 克/厘米^3，在这种高温、高压、高密度的环境中发生着氢变为氦的热核反应，释放出大量的能量，这些能量主要以辐射的形式稳定地向空间发射，其中约 *22* 亿分之一的能量到达地球，是地球上的生物所

51

需要的光和热的主要来源。

我们能够直接观测的是太阳的大气层,它从里向外可分为光球、色球、日冕三层。从总体来说,太阳是稳定的,但它的大气层却处于激烈的局部运动之中,黑子、耀斑等日面活动现象就是这种运动的结果。太阳含量最丰富的元素是氢,其次是氦、氧、氮及其他金属和非金属元素。太阳的自转非常缓慢,而且在不同纬度处自转的周期不同。在赤道上,自转一周要 25 天,而两极附近自转一周需 35 天。太阳的寿命估计为 100 亿年,目前已度过了约 50 亿年。

17. 行星

在偏心率不大的椭圆轨道上环绕太阳运行的,近似球形的天体。行星本身不发光,靠反射太阳光而发亮。行星在恒星背景上有明显的相对运动,而且总是在黄道附近运动,行星存在一定的视圆面,在大气抖动下,不像点状的恒星那样闪烁不定。九大行星最先被认识的是水星、金星、火星和土星。地球是行星中的普通一员,但人类认识到这一点是在 16 世纪中叶哥白尼提出日心说之后。1781 年发现了天王星。1846 年发现海王星。距离太阳最远的冥王星是 1930 年发现的。另外,太阳系内还存在众多质量较小的行星——小行星,它们主要集中在火星和木星的轨道之间。除太阳外,其他恒星也可能有自己的行星,广义上说,凡是环绕恒星运动的、质量未达到能产生热核反应的主序星质量下限的近似球形的天体都可称为行星。

18. 卫星

围绕行星运动的天体。太阳系的九大行星中,除水星和金星外,其他大行星都已发现有卫星。截止到 1990 年,太阳系内的卫星已被确认的共有66颗，其中地球1颗、火星2颗、木星16颗、土星23颗、天王星15颗、海王星8颗、冥王星1颗。卫星除编号外，大多使用西方神话人物的名字命名。卫星本身不发光，只能反射太阳光。卫星除随行星一起绕太阳公转外，还能自转和绕行星转动。卫星绕行星的转动方向和行星绕太阳的转动方向相同者，称顺行卫星，反之称为逆行卫星。很多卫星（如月球）的自转周期和它们绕行星转动的周期相同，这种同步自转现象是行星和卫星之间潮汐作用的结果。50年代起，人类还发射了为数众多的人造地球卫星和人造行星卫星。轨道平面与行星赤道面的交角不大，绕行星转动方向与行星自转方向基本一致，轨道接近正圆形，并且与行星间的距离分布符合丢斯——波得定则的卫星叫规则卫星，不满足以上条件的卫星称为不规则卫星。

19. 月球

俗称月亮。地球惟一的天然卫星，也是离地球最近的天体。月球直径3476公里，为地球的3/11。表面积约为地球的1/14，体积相当于地球的1/49。平均密度相当于地球的3/5，表面重力加速度是地球的1/6。月球的轨道呈椭圆形，它与地球的平均距离为384401±1公里，约为地球周长的10倍。月球的自转周期与绕地球公转的周期相等，均为27.3天，因此，它总是以同一面对着地球。月球上密布着大大小小的环形山，其中大的直径达300公里，小的不过是一些凹坑。月球正面上直径大于1公里的环形山有33000多个。环形山大部分是由于火山活动形成的，少数由陨石撞击而成。月球正面，有50%的面积看起来是暗淡的黑斑，称为"海"，它们实际是开阔的平原。月球没有大气，更没有生命存在。白天最高温达+127℃，夜间温度最低达-183℃。月球没有明显的磁场，不存在辐射带。1969年7月20日美国的阿波罗11号登月舱第一次将人类带到了月球。截至1992年底，人类已实现了 6 次成功的登月飞行，有 12 名宇航员登上了月球。

20. 彗星

在扁长轨道上绕太阳运行的一种质量较小的天体，外貌随着与太阳距离的变化而不断变化。当远离太阳时，呈现为朦胧的点状；当离太阳较近时，体积急剧变大，太阳风和太阳的辐射压力把彗星内的气体和尘埃向后推开形成一条长长的尾巴。由于彗星的这种独特外貌，中国民间又称它为"扫帚星"。

彗星一般由彗头和彗尾两部分组成。彗头包着彗核和彗发，有的彗星在彗发外还包着厚厚的一层氢原子云，称为"彗云"。彗核的直径很小，只有几百米到上百公里，但集中了彗星的绝大部分的质量，大彗星的质量为 $10^3 \sim 10^8$ 亿吨，小彗星的质量只有几十亿吨，彗核的平均密度约为 1 克/厘米^3，与水的密度差不多。彗发的体积随彗星与太阳的距离而变化。一般为几万公里，有的甚至比太阳还大，其质量很小。彗星的形状多种多样，一般总是向背离太阳的方向延伸。

21. 流星

行星际空间中的流星体闯入地球大气层时，与大气摩擦燃烧产生的光迹。流星体是沿椭圆轨道环绕太阳运行的尘粒和固体物，小至微米大小，大至重达千吨的小行星。流星一般出现在距地面 120～80 公里的高空。质量较小的流星体被完全汽化；质量大而坚实的流星体未被完全烧尽，落到地面上成为陨石。流星体的质量越小，数目就越多，据统计，每年降落到地球上亮度大于 10 等星的流星（质量大于 10^{-5} 克），共约 2000 吨，而暗于 10 等星的流星及微陨石的总量约 20 万吨。

22. 陨石

又称陨星。流星体穿过地球大气圈，未被完全汽化而落到地面的固体残骸。常常以降落处或发现处的地名命名。陨石在地球大气中高速运动时，受到高温高压气流的冲击，有时会发生爆裂，爆裂后的许多碎块落向地面，形成陨石雨。陨石着陆时撞击地面形成的坑穴称为陨石坑，目前全球发现的大型陨石坑共有 78 个，最著名的是美国的亚利桑那陨石坑，直径为 1240 米，深达 170 多米。根据化学成分和矿物组成，陨石可分为石陨石、铁陨石和石铁陨石。陨石的密度一般要比地球上的岩石大些，而且在陨石的新鲜断面上，有时可见到发光的金属颗粒和黄色的硫化物细粒。

23. 黑洞

广义相对论所预言的一种特殊天体。由于强引力作用，使周围空间弯曲导致引力坍塌而形成黑洞。在黑洞的引力区域内，任何粒子包括光子都不能逃逸出来，因此它是黑色的，不可能直接被观测到。由于孤立的黑洞难于观察，有人建议可着重在双星体系中去证认黑洞，也可以用引力场侦测黑洞。

24. 灵台

又称司天台。中国古代的天文台。现存最早的灵台遗址在洛阳，建于东汉，台基约 50 米见方。至今保存最好的灵台是北京观象台，是明清两代的灵台。

25. 刻漏

中国的漏壶也称刻漏，是依滴水量计算时间的仪器。最初出现的是沉箭漏，浮于水面的木箭因滴水后水位下降而下沉，依箭上刻线计时。不久出现浮箭漏，加一受水壶，随着水位上升，浮于其上的木箭渐渐上浮。唐代出现四级漏，多加一级补水壶，泄水壶水位就更稳定一些，称多极漏。宋代燕肃于 1030 年创莲花漏，浮箭出于莲心，提高了刻漏精度。此外还有将受水壶置于秤盘处，移动秤砣称壶中水的重量以计时的称漏、改水为沙的沙漏等多种刻漏。称漏最早制成于北魏，沙漏最早记载见于元代。

用漏壶计时的计时系统称漏制，漏刻采用百漏制，即一昼夜分成 100 刻。

26. 日冕仪

在不发生日全食时观测日冕的光学仪器。1931 年由法国天文学家李奥发明。日冕的亮度只有光球亮度的百万分之一。平时被光球的散射光淹没，在地面上只有发生日全食时才能观测到。日冕仪的设计原理是制造人造日食，并尽可能地消除仪器的散射光。在地面上，地球大气的散射光大于日冕，因此日冕仪一般安置在空气稀薄的高山上。

27. 天文望远镜

用来收集远处物体的辐射并将其成像的仪器。由物镜、目镜及其他配件组成。来自物体的光线先经过物镜，再经过目镜，人眼在目镜后面观测。望远镜的作用是扩大物体的张角和增强聚光能力，以便看到更多的细节和更暗的目标。按光学系统不同可分为三类：折射望远镜、反射望远镜和折反射望远镜。望远镜发明于 17 世纪初，1609 年伽俐略制成了第一架天文望远镜。之后的 200 多年间主要用于目视观测。照相术应用于天文观测后，用天文望远镜进行天文摄影也成了天文研究的重要手段。当今的天文望远镜已成为全波段的观测仪器。

28. 天 文 台

天文观测和天文研究机构。拥有各种类型的天文望远镜和测量计算的仪器，在进行观测的同时，处理分析观测到的数据，进行天文学的研究。按工作的特性和设备状况，天文台可以分为：（1）光学天文台；（2）射电天文台；（3）空间天文台。世界上最早的天文台是公元前 2600 年在埃及建立的天文台。1609 年天文望远镜发明以后，在欧洲逐渐建立了一些天文台，如 1667 年法国建立的巴黎天文台和 1675 年英国建立的著名的格林尼治天文台。中国最早的天文台是河南偃师的古天文台遗迹洛阳灵台。1949 年以后，新建了北京天文台、上海天文台、陕西天文台、云南天文台、台北市天文台及一些观测站，另外还有南京紫金山天文台和几个观测站。另外几所大学也设有教学天文台。

29. 紫金山天文台

中国科学院下属的天文研究机构。1934 年建成，当时称为中央研究院天文研究所。建国后，于 1950 年改称中国科学院紫金山天文台。台部设在南京市鼓楼，观测基地位于南京城外东北的紫金山上，地理位置为东经 118°49'，北纬 32°04'，海拔 267 米。主要设备有 60 厘米反射望远镜、14 厘米色球望远镜、太阳光谱仪、40 厘米双筒折射望远望、43 厘米施密特望远镜等。主要从事于空间天文、射电、人造卫星、太阳物理、恒星物理、理论天文、行星、时间、纬度、历算等方面的研究。出版物有《紫金山天文台台刊》、《中国天文年历》等。

30. 北京天文台

中国科学院下属的天文研究机构，是以研究天体物理为主的综合性天文台。1958 年建台，本部在北京市中关村，下设 4 个观测站，分别在北京沙河、怀柔、密云县及河北兴隆县。兴隆观测站主要开展恒星物理、河外天体物理以及观测宇宙学的研究。密云观测站主要从事太阳射电、宇宙射电和射电技术的研究。怀柔观测站是太阳物理的观测基地，主要从事太阳物理研究，现配有国际技术水平领先的太阳磁场望远镜。沙河观测站是一个多学科性的天文观测与研究基地。世界数据中心天文分中心中国中心设在北京天文台，提供天文数据服务。

31. 北京天文馆

于 1957 年建成，是中国第一所以传播天文知识为主的科学普及机构，坐落在北京西直门外。其任务是普及天文知识，组织群众性的天文教育和观测研究工作。北京天文馆初期使用的是德国生产的天文仪器，从 1976 年起，改用中国自己设计制造的天象仪来演示天文观象。1956 年 5 月 1 日将始建于明朝的古观象台以"北京古代天文仪器陈列馆"的名义对外开放，供国内外参观者游览和考察。台上陈列着 8 架清代大型铜制观天仪器，是按照乾隆年间的布局摆放的。8 架仪器有天体仪、赤道经纬仪、黄道经纬仪、纪限仪、地平经纬仪、地平经仪、象限仪和玑衡抚辰仪。

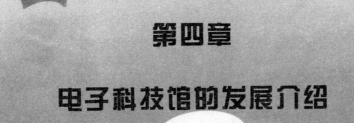

第四章

电子科技馆的发展介绍

微电子技术计算机是 20 世纪最重大的发明之一，它对人类社会的发展有着极其深远的影响。在信息社会中，微电子技术是基础，计算机和通信设施是载体，软件技术是核心。计算机技术的推广和运用，已经逐渐改变了整个世界。

从 1946 年世界上第一台电子数字计算机诞生，到"微处理器改变全球"，仅仅经历了半个多世纪，它的发展速度令世界上任何其他技术都望尘莫及。进入 21 世纪，人类又在研制以人工智能为基础的新一代计算机，这种计算机具有处理人的自然语言的能力，可以方便地实现人机对话，而且有高度的智能——不仅可以在生产现场进行各种作业，还能在办公室中和商业服务等行业从事多种智力型劳动或服务工作。

总之，随着社会的不断进步，人类将迎来计算机的智能时代，相信不久的将来，人类社会的信息化进程将会出现质的飞跃。

1. 微电子技术

微电子技术是微小型电子元器件和电路的研制、生产以及用其实现由电子系统功能的技术领域。在该领域中，最主要的是集成电路技术，因此，微电子技术是随着集成电路技术，尤其是大规模集成电路技术的发展而发展起来的一门新兴技术。

与传统的电子技术相比，微电子技术不仅可以使电子设备和系统微型化，更重要的是它引起了电子设备和系统的设计、工艺、封装等方面的巨大变革。集成电路设计的出发点不再是单个元器件，而是整个系统或设备，像晶体管、电阻、连线等传统的元器件都是在硅基片内以整体形式互相连接的。

2. 晶体管

1946 年 1 月，贝尔（Bell）实验室成立了固体物理研究小组及冶金研究小组，并设计出了第一个晶体管，即在一个楔形的绝缘体上蒸金，然后用刀片把楔尖上的金划开一条小缝，并将该楔形体与锗片接触，在锗片表面形成间距很小的两个接触点。这两个接触点分别作为发射极和集电极，衬底作为基极。经过无数次实验，终于在 1947 年 12 月 23 日首次观察到了该晶体管的放大特性。从此，世界上第一个晶体管诞生了，拉开了人类社会步入信息时代的序幕。

3. 集成电路的应用

目前，微电子芯片已经成为现代工业、农业、国防装备和家庭耐用消费品的细胞。例如，在日本，每个家庭拥有的集成电路芯片平均在 100 个以上。

由于集成电路的原材料主要是硅，因此有人认为，人类自 1968 年已经进入了继石器时代、青铜器时代、铁器时代之后的硅器时代。

随着微电子技术的发展和微型计算机的产生，信息技术的应用得到极其广泛的普及，较重要的信息技术应用成果多达 5000 余种，人们将其概括为"3C"革命和"3A"革命。

"3C"革命是指通信、计算机化和自动控制技术革命。"3C"革命将人类社会推向了划时代的信息新社会。

"3A"革命，又称为"三化"革命，是指工厂自动化、办公自动化和家庭自动化。"3A 革命"的深入发展，将整个人类社会全面推向自动化。

4. IC 存储卡

IC 存储卡仅包含存储芯片而无微处理器，一般的电话 IC 卡即属于此类。

5. IC 智能卡

将指甲盖大小的带有内存和微处理器芯片的大规模集成电路嵌入到塑料基片中，就制成了智能卡。银行的 IC 卡通常是指智能卡。智能卡也称为 CPU（中央处理器）卡，它具有数据读写和处理功能，因而具有安全性高、可以离线操作等突出优点。所谓离线操作是与联机操作相对而言的，它可以在不连网的终端设备上使用。离线操作不仅大大减少了通信时间，也能够在移动收费点（如公共交通）或通信不顺畅的场所使用。

6. 绿色计算机

绿色计算机的开发利用，各个国家都很重视，纷纷斥资进行这方面的研究。美国环保局提出"能源之星"计划，其标准是：个人计算机耗电从 150~130 瓦降到 30~50 瓦。符合这一标准的，可以贴上"能源之星"标志。

绿色计算机将更符合"人机工程学"的要求，主机、显示器、键盘等的造型设计更适合人使用，减少因长时间操作造成的手腕和上肢疼痛，降低因长时间在屏幕前工作造成的视力下降，降低电磁辐射（如采用平板显示器、主机机箱采用金属板屏蔽），保护操作者的健康。

总而言之，改进后的绿色计算机将更能与人"和睦相处"，是人类既实用又有利于健康的计算机。

7. 神经计算机

随着智能计算机的不断发展，科学家们想模仿人的大脑构造和工作而造出一种新的计算机，这种计算机称为神经计算机。然而要造出这种计算机可不是一件轻而易举的事。因为，科学家对人脑的结构已经知道得比较清楚，但人大脑里的神经网络的工作原理，还存在许多困惑。比如说人是怎么学习的，就还没弄清楚。人大脑的神经网络太复杂了，各个细胞间是怎么相互联系的，还没有完全揭示出来。换句话说，人大脑还有许多未解之谜。另外，因为人脑的神经网络太复杂，因此完全模仿它还存在相当大的困难。

现在，神经计算机只能初步模仿人脑神经的网络，研究出的人工神经网络（也有的是神经计算机）就具有了很好的效果，且显露出它的美妙前景。

专家认为，人脑学习功能，是把神经细胞之间的连接形式不断加以改变，使网络功能不断提高，人的智慧也就发展了。现在研究神经计算机的目的，就是想制造出能听懂声音，能辨认景物，具有学习能力的智能计算机。这种计算机有些科学家称它为第六代计算机或人工大脑。如果研究成这样的计算机，它的计算速度可达到 10^{15} 次/秒，而目前最好的计算机运算速度仅为 $10^9 \sim 10^{10}$ 次/秒。

20 世纪 90 年代前期到中期，神经计算机已获得了应用。例如，在纽约、迈阿密、伦敦飞机场用神经网络检查塑料炸弹和爆炸物，每小时可检查 600 ~ 700 件行李。

美国制成一台神经计算机，专门用于模式识别，如分析心电图、脑电图波形，对细胞自动分类计数，染色体分类识别等。它的工作过程由三层人工神经网络共同完成：第一层是提取特征并用数据表示出来；第二层是对这些信息进行运算，获得模式；第三层是把获得的模式与预先存储的模式相比较，完成识别。

8. 光计算机

光计算机就是靠激光束进入由反射镜和透镜组成的阵列中，对信息进行处理。也就是说，光计算机，就是利用光作为载体进行信息处理的计算机。

光计算机有很多优点，首先，光计算机运算速度快。目前计算机所用晶体管改变开关状态的时间一般需要 0.4×10^{-9} 秒，而光开关装置则为 10^{-12} 秒，也就是光开关每秒可进行 10000 亿次逻辑动作，真可谓是神速。

其次，实现并行处理信息非常容易。光计算机中利用反射镜、棱镜、分光镜等，可使光柱按任意方向传送。光信息在发生交叉时也不会受到干扰。光在空间可以实现并行传递，可以实现几十万条光同时传递。一块直径有 5 分硬币大小的棱镜，通过信息的能力是现在全世界电话电缆线的许多倍。

还有，光计算机不发热，噪声小。电子计算机中电子流动，会产生热量，而且当工作频率超过 100 赫以上时会形成驻波，再加反射信号的影响，形成电磁干扰。光子不会碰撞，不会产生热量，因此噪音干扰也就很小。

光计算机的许多关键技术，如光存储技术、光互连技术、光电子集成电路等，都已获得了突破。但是，光计算机的技术还处在中级阶段，不够成熟，另外它的造价要比电子计算机昂贵，而电子计算机应用和发展还正在旺盛时期，因此，科学家们预计，光计算机进入实用阶段还需一段时间。

9. 生物计算机

用生物芯片制造的计算机就是生物计算机。所谓生物芯片就是指用蛋白质分子作元件制造成的集成电路，因此也有人称生物计算机为蛋白质计算机、下一代计算机。

生物计算机的外部用一种非常薄的玻璃膜制成，内装精巧的晶格，晶格里安放生物芯片。由生物芯片组成的生物集成块完成计算机主体工作。这种计算机有着广阔的发展前景，因为它有很多优点：

第一、体积小。1平方毫米芯片可容纳数亿个电路，芯片密集度可达到每平方厘米 $10^{15} \sim 10^{16}$ 个，生物计算机的体积可缩小至现在计算机的 $10^3 \sim 10^5$ 分之一。

第二、存储容量大。生物计算机一个存储点只有一个分子大小，所以生物计算机的存储容量可达到普通计算机的 10 亿倍。

第三、运算速度快。科学家估计，蛋白质集成电路大小是硅片集成电路的千分之一，甚至达到十万分之一，而运算一次只需要 10^{-11} 秒，仅为目前集成电路的运算时间的万分之一。生物计算机运算比现在计算机快多了。生物计算机元件的密度比人脑神经细胞的密度高 100 万倍。

第四、散热快。生物芯片中传递信息时，由于受到的阻抗低，耗能低，仅相当于一般计算机的十亿分之一，所以容易散热。

第五、可靠性高。生物计算机一个重要特点就是具有自我组织自我修复功能，它若与人脑结合起来，听从人脑指挥，就可以具有更高的性能。生物计算机可以用基因工程方法进行生产制造，成本相当低。

10. 智能计算机

计算机经历了从第一代电子管计算机到第二代晶体管计算机，从第三代集成电路计算机到第四代大规模集成电路计算机的历程。目前，我们广泛使用的计算机基本上属于第四代。近年来，不少国家正在研究第五代计算机，也就是所谓的智能计算机。

智能计算机究竟是什么样的呢？一些计算机专家已经向我们描绘了美好的前景。这种智能计算机不仅会学习，会思考，会推理，能听懂话，能认识字，必要时甚至会自己编排新的工作程序。要使计算机实现"人工智能化"，就要求计算机具有一定的知识结构，具有高速度运算处理能力。计算机能够通过看、听、嗅接受外界的各种信号，利用程序进行判断、推理、思考、及时作出正确的选择。在原有程序不够用时，计算机能自己编制一定的程序继续工作。也就是说，在某种程度上像人一样。

如果智能计算机真的能诞生，到时候又会给人类社会带来翻天覆地的变化。

11. 信息高速公路

即利用先进的尖端技术，连结成一张大容量、高速度的，就像高速公路一样快捷、方便的信息传输网，让用户得到大量的综合信息。

"信息高速公路"这一提法，出自于1991年当时身为美国参议员的阿尔·戈尔。他主张把全美国所有公用的信息库及信息网络都连结在一起，形成一个全国性的大网络，使人们利用、传递信息更加方便。

12. 机器人

机器人就是像人那样动作的机器。机器人有"智能"，能自动完成各种操作和做各种动作。机器人由电脑、传感器、机械手、行走装置组成。机器人的外形并不很像人，但可以代替人做事。机器人用机械手可以装配机器、焊接工件、搬东西、从事农村劳动、做家务劳动、画画、写字、打牌、下棋；机器人可以像人那样行走，在水中游动，在山地上爬行，在太空中行走，在核电站工作。

机器人按进化水平分类，第一代机器人没有智力，只能简单动作，第二代机器人有感觉和电脑，能对信息进行判断和分析，能做较复杂工作，第三代机器人能进行学习和思考，有知识的积累，可做复杂工作。因此，机器人世界是个很有趣的世界。

13. 智能机器人

1969 年，美国斯坦福研究所制造了一台智能机器人，并给它取名叫"赛克"。赛克"出生"后，科学家就对它进行了试验。首先是下达指令：把平台上的一个箱子推下去。赛克通过无线电接到指令后，在原地转了一下，看到了平台，然后向平台走去。

平台四周是直立的板壁，赛克上不去。于是赛克向四周环顾，围绕着平台转了 *20* 分钟，终于想出了办法，它向屋角处的一个斜面台子走去，走到斜面台子后面，把斜面台子向平台推去。

碰上障碍物时，它就绕过去。最后，赛克把斜面台子靠在平台边上，然后顺着斜面爬上了平台，再把平台上的箱子推了下去，完成了任务。

赛克的智力是从何而来的呢？是计算机中编写的程序产生的。

当机器人遇到难题时，它就会根据程序上编好的知识，去进行分析判断，最后找出办法。

14. 测谎仪

大家都听说过测谎仪吧？为什么测谎仪能断定被测者是否说谎呢？

　　原来，一个人在说谎时，无论他是否事先有所准备，或是接受过特殊的训练，其生理上都会有不少变化，如心率加快，呼吸急促，血压升高，皮肤电阻增加，肌肉颤抖等。有些人这方面的变化极其细小，不易被察觉。但是，如果通过绑在被测人腹部、手指、手腕等处的传感器，测谎仪就能接受到被测者的各种细微反应。这些反应信号经处理变成图谱，供专业人员评读；利用计算机功能，将图谱信号转换成数字信号，再由编制好的专家系统对其进行深层次的分析评读。其精确度十分高。

第五章

通讯科技馆的发展介绍

人类的通信由来已久，在很早以前，人们就陆续在实践中发明了许多联络方法。如使用旗子、号角、信号灯、布板、喇叭以及口技、手势等进行联络。

总的说来，早期的通信形式、表现内容、通信距离都受天候、地形、战场烟幕、噪声的影响，信息交流受到极大限制。

随着人类社会的进步，通信手段有了较快发展。1851年，俄国军队组建了第一个军事通信分队——电报连，1853～1856年在克里木战争中第一次使用军用行军电报通信，1899年组建了第一支军用无线电部队，以后其他国家竞相效仿。通信手段的提高，使信息传播速度大大提高。1969年美国阿波罗登月舱把人送上了月球，这一破天荒的重大消息，只用了13秒就传遍了全世界。发展到目前，现代常用通信手段有：①有线电通信；②无线电通信（电台、接力、散射、流星余迹和卫星接力等通信形式）；③光通信（红外线、紫外线、大气激光和光纤等形式）；④运动通信；⑤简易信号（视觉和听觉）通信等等声、光、像并举的多种形式。尤其是人造卫星技术和电脑技术的发明和发展，更推动了人类通信手段的革命性变化和发展。

在现代社会，各种通信手段，如信件、电话、电报、电脑等把人们紧密地联系在一起。由于人们的生活节奏加快，通信已经成为社会交往中的纽带。

1. 自动翻译电话

现在国际上各种商业、政治等交往活动越来越多，但是世界上各个民族使用着不同的语言，给人们的交流造成很多阻碍，而自动翻译电话，无论你与何种语言的人通话，都可以听懂，只要你拿起电话听筒时，通过自动翻译电话同国际友人你也可以自由交谈。

自动翻译电话何以有这么大的本事呢？原来它具备了语言判别系统，能分辨、识别说话人的声音，再通过自动翻译系统，将说话人的话翻译成另一种语言。自动翻译电话可在数秒钟内完成全部自动翻译工作。

　　此外，自动翻译电话还有自动翻译免提电话、自动翻译录音电话、自动翻译无绳电话等10多种系列产品。可见，自动翻译电话在常规电话的基础上更上一层楼，体现了时代性、通用性和科技性。

　　未来电话的发展趋势是自动化、数字化、小型化、电子化、多功能化、高效化等。随着人类认识和实践领域的不断开阔，性能更完善的电话机将会很快问世，到时人与人之间的距离，哪怕远隔千里也如近在咫尺。

2. 卫星移动电话

　　卫星移动电话就是在空中建立通信"接力"站，利用同步卫星转发无线信号，从而实现全球通信。然而一般的通信卫星大多在高空3.6万千米的地球静止轨道运行，距离地面十分遥远，星地之间的信号传输损耗大、时间长，影响信号的真实度和速度。虽然静止轨道的三四颗卫星可以覆盖全球，却不能覆盖地球的南北极。此外，目前地球的静止轨道已星满为患。更主要的是这种卫星电话（如：海事卫星电路）有手提箱那么大，重量高达9千克。而像"大哥大"那样小巧的卫星电话则是人们所期待的，因为这样就可以装在衣袋里。

　　为此，科学家们研究出用多颗小型卫星，布置在低轨道上，形成一个个卫星星座覆盖全球，这样，卫星轨道低，所需功率小，移动通信手机小型化的问题就迎刃而解。

　　近年来，有920颗通信卫星出现在地球的低轨道上，这些卫星分别属于不同的星座系统。比如：全球卫星通信系统、"空中之路"全球宽带系统、空中互联网络系统、网络之星系统等，但它们的目的只有一个——实现全球卫星移动通信。

3. 大树电话

BluDot的设计师们认为，在未来的无线世界里，电话亭的样式可以更为灵活新颖。宽泛地说，一棵棵随处可见的树都可以充当电话亭。有了先进技术的支持，电话亭使用起来更为方便：话机可以不带键盘和屏幕，使用者只需走到树冠之下，畅所欲言即可。新的声音技术还可以使通话者免受大街上噪音的干扰，同时通话者彼此的声音也不会干扰对方。

4. 空中电话

Rockwell 的设计师则认为，未来的电话亭造型犹如玻璃试管，将电话卡或者现金插入后，就可以通过无线电传输进行视频通话。当它闲置的时候，就飘浮在空中，成为城市的一道风景；当它被占用时，电话亭就变得不再透明，从外部看不到里面通话者的举动。

5. 电话雨伞

TheBouroullecs 兄弟喜欢通过改造现存事物，从而赋予它们意想不到的用途。他们更愿意以"公共雨伞"来称呼他们眼中的公共电话。移动电话可以装在雨伞的把柄上，伞尖儿充当天线。在使用者通话时，雨伞不仅可以防雨、防晒，而且能够隔离噪音和大街上的其他喧嚣。

6. 微波接力通信

人们对微波接力通信可能不大熟悉。其实上，雷达和通信卫星都是利用微波来进行无线电通信的。

众所周知，微波属于电磁波，它包括长波、中波和短波。科学家发现，微波频段的带非常宽，几乎是全部长波、中波和短波频段总和的 1000 倍。因此，微波波段可传送大容量高速率的信息。一般短波通信设备，只能容纳几个话路同时通信，但是一套微波设备能够让几千个话路同时工作。这在目前无线电频道拥挤的情况下，是十分难得的优点。

但是，微波只能视距传播。也就是说，传输距离只能限制在两点看得见的范围内。即使将发射天线架设在 50 米的高处，一样会被地球的凸出部分拦隔住，传输距离只有 50 千米。

为了让微波跑得更远些，科学家们想到了"接力赛跑"的办法。人们每隔四五十千米，就建立一个微波中继站。就这样，一站接一站地传送下去，实现了远距离通信。

微波中继通信的主要解决城市与城市之间、地区与地区之间的大容量信息传输问题，主要用于长途电话及电视节目的传输。在某些工矿企业，如：石油、电力、铁路等部门还建立微波中继通信路线来传输遥控、遥测及各种业务信号。

7. 飞艇通信

飞艇通信也称做同温层气球无线通信，它是利用飘浮在地球上空的飞艇，在该艇上装载通信设备，实现信息的传输或转发。其作用与卫星通信的星上转发器或地面微波通信的中继站相同。如果在空中多布置一些通信飞艇，就可以达到全球覆盖，从而实现全球通信。以前用飞艇通信之所以都失败，主要是人们没有能力将飞艇固定住。据科学家探测，地球上空 18~24 千米处的平均风速为 10 米/秒，最大阵风风速达 40 米/秒。如果飞艇被高空气流吹走，地面上的人就不能用它来转发无线信号了。近年来，随着科学技术的发展，美国研究出电晕离子推进器，解决了飞艇抵御风力、保持平衡的问题，使飞艇通信的梦想变成现实。

飞艇通信的无线频段属于毫米波，介于微波与光波之间。所以，飞艇通信的手机可以做得非常小，使用很小的天线，就能够获得很强的信号。通信飞艇固定在城市的上方，可覆盖地面范围约 19 万平方公里，相当于十个北京城或一个河北省那么大。它的容量也非常庞大。

如果在100千米半径的城市范围内，它可产生700至1000个点波束，可供100万人同时打电话，或接入互联网，在网上通信。而同样情况下，低轨卫星只能产生6至9个点波束。由此看出，它的信道容量是低轨卫星的100倍。

8. 激光通信

激光通信是利用激光传输信息的通信方式。

一般说来，在没有外加光源时，电子从高能级自发跃迁到低能级上来的现象称为自发跃迁。在自发跃迁过程中有一种是以光的形式释放的能量，向外辐射光子，于是就产生了光。在自发辐射过程中产生的光子没有统一的步调，不仅辐射光子的时间有先有后，波长有长有短，而且传播方向也不一致，这些都是普通光。另有一种光却截然不同，它的光子犹如一支组织性强、训练有素、纪律严明的大军，发出的光频率、振动方向和传播方向完全相同——这就是激光。

激光通信的主要优点是：频带宽，通信容量大，可以进行多路通信；频率极高、光束极细、方向性好，对方只有在光斑范围内才能接收到信号，所以很难干扰和被截获，也不受电磁干扰，传输质量好；甚至原子弹爆炸所产生的频率低于激光频率的强电磁脉冲，对激光也无干扰能力；激光信号在光导纤维传输时不向外辐射到大气空间；传输时因波束很窄、方向性很强不易被截获，保密性好；由于激光在接近真空的空间环境中几乎不衰减，采用小功率激光器就能进行远距离通信。激光通信所用的设备与相同通信容量的微波通信设备和电缆通信设备相比，不需要大型天线或金属电缆，体积小、重量轻，节省金属，造价低。激光通信可以用于地面通信、空对潜通信和宇宙通信。

9. 光纤通信

光纤通信技术是现代通信中，最先进的传输手段。它利用光在一种极细的光导纤维中传输信息。光导纤维即为一种光的"导线",它的结构分为两层,中间的一层为纤芯,直径只有几微米,外面有一层对光反射能力极强的,用玻璃或石英制成的"包层",光纤的外层还裹有厚厚一层塑料,这样光就被紧紧地封闭在光纤里。当信息传送时,文字和图像会变成强弱不同的光信号,以每秒 30 亿次的速度传送到远方。一根光纤在几秒钟里就能传送几千万字的书籍信息。而且无论它怎样弯曲,只要入射光的角度合适,就能准确无误地传递信息。

光纤通信的容量大得惊人,在一根比头发丝还细的光纤中,可以同时传输几万路电话或者几千套电视节目。

光纤通信不怕辐射,不怕雷,不受电磁干扰,因而保密性好,通信质量高,抗干扰力强。

10. 语音信箱

语言信箱,是利用电话网上的电子计算机对住处的存贮和处理技术,将用户的语音信号通过现代语音压缩技术变成数字信号,然后存入计算机的硬盘,为用户提供语音信息存贮和提取的一种新的通信业务。

语音信箱产生后,人们的语音信息可以像"信件"一样传送到收信人的信箱里,从而为人们提供方便和快捷的服务。每一个语音信箱都有一个信箱号码。假如你想使用它,可以到电信局租用一个属于自己的语音信箱,并配上一个密码,它就像一把开启信箱的钥匙,只有掌握密码的人,才可得知信箱内的信息。

语音信箱还能够和移动电话、寻呼机和普通电话配合使用,提供语音功能服务。如果有人通过电话网拨叫信箱主人时,如果主人未开启移动电话,或不便接听,此时电话便将其自动转接到语音信箱中进行留言。

11. 多媒体通信

多媒体中的"媒体"是指文本（包括数据、文字、符号）、图形、图像、动画、声音、视频等。多媒体是指上述多种类型媒体组成的综合体，简单地说，是声、图、文的综合体。

多媒体通信是要利用通信网络综合地完成多媒体信息的传输和交换，显然，多媒体通信要比单一媒体通信复杂得多。要实现多媒体通信需要解决以下一些问题：一是各种媒体信息的数字化，即将各种媒体信息的统一表示为数字的形式；二是信息的压缩与解压缩，以减少各种媒体信息的储存量和传输量；三是多种媒体信息的混合传输和同步传输；四是大容量的高速传输技术。

12. GPS 系统

GPS 系统的全称是全球卫星定位系统，它是美国开发的一种太空无线电导航系统。它可以在全世界的任何一个角落为 GPS 用户提供极高精度的位置，速度和时间信息。

GPS 系统由空间部分、地面部分和用户部分 3 大部分组成。空间部分是 GPS 系统的主体，它由 24 颗卫星在近地轨道上组成了一个卫星网，每颗卫星都不断向地面传回表示位置和时间的信号。地面部分由一个中心监测站、5 个地面监控站和一个数据发送站组成。地面部分的主要工作是监测、控制卫星的工作。用户需要拥有一个 GPS 接收器才能使用 GPS 系统。GPS 接收器的体积只有巴掌大小，携带方便，定位精度可以达到 10 米以内。

现在，GPS 系统已经提供民用服务，精度在 100 米左右。它可以为飞机、轮船提供时空信息，帮助登山运动员和出租车司机确定方位。过不了多久，人们出门旅行的时候，也可以用上这种新型的"指南针"了。

世界能源结构有过两次大的转变：第一次是从 18 世纪开始从薪柴转向煤；第二次是从 20 世纪 20 年代开始，从煤转入石油和天然气。现在，世界能源正在经历着第三次大转变，就是从石油和天然气逐步转向新能源。

煤、石油、天然气都是不能再生的矿物燃料，用去一点就会少一点，总有一天会被全部用完。另外，新技术革命的兴起带来了许多新的生产体系，相应地对能源系统也提出了新的要求，其中特别是要求尽可能地采用可以再生的、分散的、多样化的能源。因此专家们认为，新能源是世界新的产业革命的动力，是未来世界能源系统的基础。换句话说，新能源必将成为未来世界能源舞台上的主角。

据专家们预测，大约再过半个世纪，也就是到 21 世纪中叶前后，核能、太阳能将成为世界能源系统的支柱。

今天的人类已步入信息时代。今天的能源，已经不是指某一两种单一的物质，而是汇合煤、石油、天然气、水力、核能、太阳能、地热能、风能、海洋能以及沼气能、氢能、电能等等的总称。

1. 海洋能源

大海最诱人的地方，主要在于它蕴藏着极为丰富的自然能源和巨大的可再生能源。那波涛汹涌的海浪，一涨一落的潮汐，循环不息的海流，不同深度的海水温差，和海水交汇处的水的含盐浓淡差……都具有可以利用的巨大能量。

据专家们估算，全世界海洋潮汐能的总储量为 30 亿千瓦，海流动能的总储量为 50 亿千瓦，海浪能的蕴藏量高达 700 亿千瓦。

目前世界上最大的潮汐电站是法国的朗斯潮汐电站，它的海堤大坝长 750 米，装有 24 台水轮发电机组，总装机容量为 24 万千瓦。英

国在 *1991* 年建成一座海浪发电站，该电站装有一台目前世界上最先进的海浪发电设备——韦尔斯气动涡轮机。

海流在流动中具有很大的冲击力和潜能，因而可以用来发电，据估计，世界海洋能的总功率达 *50* 亿千瓦左右，是海洋能中蕴藏量最大的一种能源。

2. 海水温差发电

海洋是地球上储存太阳能最大的热库。太阳辐射到地球表面的大部分热能，都被海水吸收，但是表层海水吸收阳光温度高，深层海水不见天日而温度低。这样，海洋中就存在着温度的差异，有时相差 *20℃* 左右。利用这种温差可将海洋热能转换成电能加以利用，这种发电方式叫海水温差发电。

海水温差大的地方进行海水温差发电的最佳之地就是热带海洋。热带地区阳光强烈，海水里储存的太阳能最多，上下层海水温差也最大。我国西沙群岛海域，在 *5* 月份测得表层海水水温有 *30℃*，但 *1000* 米深处的冷海水只有 *5℃*。这里的海水温差大，很适合发电。我国位于东半球，海洋温差条件很好，特别是台湾附近的海水温差较大，是建造海水温差发电站的好地方。

海洋是世界上最大的太阳能收集器，*6000* 万平方千米的热带海洋一天吸收的太阳能，就相当于 *2500* 亿桶石油燃烧时释放出的热量。海洋每年吸收的太阳能相当于 *37* 万亿千瓦时，约为人类目前用电量的 *4000* 倍。如此诱人的能量，去开发这一领域是人类责无旁贷的大事。

3. 海洋潮汐发电

潮汐发电的原理和通常的水力发电相似，是在海湾或有潮汐的河口上建筑一座拦水堤坝，将入海河口或海湾隔开，建造一个天然水库，并在堤坝中或坝旁安装水轮发电机组，利用潮汐涨落时海水水位的升降，使海水通过水轮机来推动水轮发电机组发电。

潮汐能无止无息，开发潜力非常大。潮汐发电的主要优点是：①潮汐电站的水库都是利用河口或海湾建成的，不占用耕地，也不像河川水电站或火电站那样要淹没或占用大量的良田；②不受洪水和枯水季节的影响，也不像火电站那样污染环境，是一种既不受气候条件影响而又十分干净的发电站；③潮汐电站的堤坝较低，容易建造，投资也很少。

海洋潮汐能的大小随潮差而变，潮差越大那么潮汐能也越大。比如，在 1 平方千米的海面上，潮差 5 米时，其潮汐能的最大发电能力约为 5500 千瓦；而潮差为 10 米时，其潮汐能的最大发电能力可达 22000 千瓦。科学家们预算，全世界海洋蕴藏的潮汐能大概有 27 亿千瓦，其每年的发电量可达 33480 万亿度。所以巨大的海洋潮汐有"蓝色的煤海"之称。

人类越来越重视对天然资源的开发和利用，其中海洋潮汐发电的开发前景很大，如能让人类全面利用，那会给人类带来更多的便利。

4. 海浪发电

据测试，海浪对海岸的冲击力可达每平方米 20～30 吨，在特殊情况下甚至达到 60 吨。

利用海浪发电，不仅不消耗任何燃料和资源，也不产生任何污染，是一种"干净"的发电技术。还有它不占用任何土地，只要是有海浪的地方就能发电。对于那些无法架设电线的沿海小岛，海浪发电是最适用不过的。

目前，利用海浪发电的方法主要有三种：一、利用海浪的上下运动所产生的空气流或水流，使气（水）轮机转动，以带动发电机发电；二、利用海浪装置的前后摆动或转动以产生空气流或水流，使气（水）轮机转动，带动发电机发电；三、将低大波浪变为小体积的高压水，然后再把高压水引入某一高位水池积蓄起来，使其产生高压水头，以冲动水轮发电机组进行发电。

90 年代初英国在苏格兰的艾莱岛上建造了一座发电能力为 75 千瓦的海浪发电站，它是继挪威、日本之后利用海浪发电的第三个国家。此外英国爱丁堡大学目前正在研制发电能力为 5 万千瓦的海浪发电装置，英国人还计划在海岸以外的海面上建造海浪发电站。

5. 海流发电

海流中所蕴藏的动能是河洋能中蕴藏量最大的一种能源，科学家们发现海流也可以用来发电，它发电能产生 50 亿千瓦左右，能量大得惊人。

海流发电是依靠海流的冲击力来使水轮旋转，再通过变速装置变换成高速，然后带动发电机发电。利用海流进行发电，比利用陆地上的河流进行发电要好得多。海流不受洪水的威胁，也不受枯水季节的影响，它几乎以常年不变的流量不停地运动，它是取之不尽用之不竭的能源。

目前的海流发电多是浮在海面上进行的。

美国设计了一种驳船式海流发电站，这种发电站实质上就是一艘船，因此它有发电船之称。其船舷两侧装着巨大的水轮，水轮在海流推动下不断地转动，进而带动发电机发电。它所发出的电力可通过海底电缆输送到岸上。这种海流发电站的发电能力可达 5 万千瓦左右。安全度极高，因为这种发电站是建造在一艘船上，一旦遇上狂风巨浪的袭击，便可以迅速撤离，躲进港湾。

20 世纪 70 年代末，世界上出现了一种设计新颖的伞式海流发电站。

有关专家特地计算过：假如把伞式海流发电站置于流速为 3 节（1 节 = 1 海里/小时，1 海里 = 1.852 千米）的海流中，那么只要用 40 把直径 0.9 米的降落伞拴在 500 米长的绳子上，发电能力就可达 3.5 万千瓦。美国的科学家也预算了，如果在佛罗里达海湾的海流中设置海流发电站，那么发电能力可望达到 1000 万千瓦。

6. 海水盐差发电

在大江大河的入海口，也就是江河水与海水相交融的地方，江河水是淡水而海水是咸水，淡水和咸水相互扩散，直到两者的含盐浓度相等为止。在海水与淡水相混合的过程中，同时释放出许多能量。含盐浓度高的海水以较大的渗透压力向淡水扩散，同时淡水以较小的渗透压力向海水扩散。这种渗透压力差所产生的能量，称为"海水盐浓度差能"，也叫"海水盐差能"。

实验表明，在许多江河入海口处的海水渗透压力差，大致相当于 240 米高的水位落差。当前世界上水坝高于 240 米的大水电站非常非常的少。有的江河入海口处海水的渗透压力大得令人觉得不可思议。科学家们预算，全世界的海洋一年的蒸发量相当于其水位降低 1.3 米，即每秒蒸发 1.2×10^7 立方米的水量。如果以 2124 帕（约合 21 个大气压）的海水盐差进行计算，那么全世界海水盐差的能量资源高达 30 亿千瓦。

试验表明，江河入海口处是利用海水盐差能量最理想的场所。由于，在江河入海口处，含盐极少的江河水一直源源不断地流向大海，而海水本身含有较多的盐分，所以海水与江河水之间的形成盐浓度差，只要将两个别电极分别地插进海水和江河水里，并将两个电极用导线连接起来，电流就会源源不断。

7. 海底核电站

从发电原理来说，海底核电站与陆地上的核电站基本上是相同的，它们都是利用核燃料在裂变过程中产生的热量来将冷却水（或其他液体）加热，使其变成高压蒸汽，以推动汽轮发电机组发电。当然，海底核电站的建造比陆地上的核电站要困难得多：一、海底核电站的所有零部件都必须能承受住几百米深的海水所施加的巨大压力；二、海底核电站要求其一切设备的密封性能都非常好，能够达到滴水不漏的程度；三、海底核电站的各种设备和零部件都必须具有耐海水腐蚀的能力。

美国设计的海底核电站，它在稳定时的发电能力只有 3000 千瓦，而它的脉冲发电量最高可达 600 万千瓦，后者是前者的 2000 倍。英国海底核电站设计方案与美国方案有所不同，英国海底核电站装置了两座核反应堆舱，从而能够在一座反应堆换料或进行检修时，另一座反应堆照常供电，以保证采油用电的需要。反应堆安置在长 60 米、直径为 10 米的耐压舱内，而耐压舱可在 500 米深的海底长期稳定地进行工作。耐压舱的外壳是用双层 5 ~ 7 厘米厚的钢板制成，中间灌注混凝土，混凝土的厚度为 0.5 ~ 1.5 米，其厚度随着水深而增大。共装备 3 台汽轮发电机，都密封在耐压舱内，以确保电力供应的需要。

海底核电站能为勘探和开采海底石油提供许多方便，它可以将富足的电力轻而易举的送往采油平台，还可以为许多远洋作业设施提供廉价的电力。

8. 海上核电站

早在很久以前，人们就有了在海上建造核电站的设想，因为在海上建造核电站有许多优越条件。首先海上核电站的造价要比陆地上低。这样，在同等投资的条件下就可以建造更多的核电站。其次，可以随便选择站址，不必像在陆地上那样受地震、地质等因素的限制，也无需顾及是否在居民稠密区等各种情况的影响。另外，海上的工作条件，不存在陆地上那种"因地而异"的种种问题。这样就可以使整个核电站按"标准化"的要求以流水线作业的方式进行建造，从而大大简化了核电站复杂的生产程序，便于批量生产和使用，显著降低了造价，缩短了建造周期。

为了便于建造可以先在海港内进行建造，然后再用大轮船把它拖至离海岸不远的浅海区，或拖至海湾附近。电站发出的强大电力，可以通过海底电缆与岸上的电网接通。

海上核电站的安全问题也有了更好的解决方案，它和陆地上的核电站一样，也都有专门的废水、废料处理措施，不会将带有放射性物质的废水直接排入海水中。不仅如此，它还给海洋带来了有利条件，由于海上核电站建有较为高大的防波堤，能引来鱼虾等海洋生物洄游，大大促进了海洋生物的养殖和捕捞事业的发展。

9. 太空核电站

太空核电站的基本原理就是将核反应堆装在卫星上，从而用它来提供重量轻、性能可靠、使用寿命长而成本低廉的供电装置。

在人造卫星上通常都装有各种电子设备，这其中包括电子计算机、自动控制装置、通信联络机构、电视摄像机和发送系统等，为此必须需要提供大量性能稳定可靠的电源。另外对于用来探测火星、木星等的星际航行器，则更需要这种供电装置了，因为它们所配备的电子设备就更多、更复杂，而且要求其使用寿命特别长，因其来回一次要历时几年甚至十几年。星际航行器要在那么长的时间内同地球上保持不断的通信联系，这就必须使这类飞行器上所用的电源容量特别大，工作性能安全可靠。

经过研究，科学家们终于为人造卫星和太空飞行器找到了较为理想的电源——太空核反应堆。

其实，在采用核反应堆来作为太空飞行器和人造卫星的电源之前，曾广泛使用过核电池，至今在一些卫星和太空飞行器上仍还在使用这种电池。核电池的使用寿命一般可达 5 ~ 10 年，其电容量可达几十到上百瓦。然而，这样的电容量与太空核反应堆比较起来，就显得微乎其微了。

太空核反应堆的电容量相当高，一般为几百到几千瓦，有的甚至可高达上百万瓦。有了这种太空核反应堆，就能充分满足人造卫星和太空飞行器对电源的容量要求了。

10. 能源核聚变

核聚变就是利用氢、氦等较轻的原子核聚变成较重的原子核，同时释放出大量能量。聚变反应放出的能量称为聚变能。氢弹爆炸就是聚变反应。

那么如何使它们发生核聚变呢？要想使两个较轻原子核发生聚变，就必需使这两个核距离非常近，相互距离要小于 1000 万亿分之三米才行。只有在这个距离内，两个核内的核力才能相互作用而产生聚变反应。但是，在地球上天然存在的物质中，原子核都是带正电的。要使两个带正电的原子核互相靠近，就必需克服它们之间的静电排斥力；

而且这种斥力的大小与两个核之间的距离的平方成反比，随着距离的减小斥力就会增加。所以只有使两个核获得足够的动力，然后快速撞上去，才能克服静电斥力从而发生聚变。因此，最常用的方法就是将聚变材料，加热到几千万至几亿摄氏度的高温，来使它们的原子核获得足够动能，为核聚变的发生创下条件。所以通常把这种核聚变反应又称为热核聚变。

前苏联科学家设计的热核反应装置——托卡马克采用的就是磁约束装置。在这种装置中，聚变反应是在环状圆管内进行的。管上绕的通电超导线圈产生强磁场，使等离子体在管的中心线上做圆周运动，不和管壁接触。首先用电磁感应产生的大电流的欧姆热将等离子体加热到 1000 万摄氏度，再用注入高能中性粒子束等方法使等离子体达到亿度高温。

1991 年 11 月 9 日，欧洲联合核聚变实验室首次成功地完成了受控核聚变反应实验，聚变的时间持续了 2 秒钟，温度高达 3 亿℃，且有 1700 千瓦的能量输出。当然，实验与实用之间还存在着相当大的距离。

11. 太阳能热电站

太阳能热电站的能量转换过程是这样的：利用集热器（聚光镜）和吸热器（锅炉）把分散的太阳辐射能汇聚成集中的热能，再由热蒸汽推动汽轮发电机组进行发电。它与一般火力发电厂的主要区别就在于：其动力来源不是煤或燃油，而是太阳的辐射能。

太阳能热电站内还设有蓄热器。高压热蒸汽在推动汽轮机转动的同时，还通过专用的管道将一部分热能储存在蓄热器内。阴天、雨雪天及夜间没有阳光，便由蓄热器来提供热能，从而保证太阳能热电站能够连续发电。

太阳能热电站多采用塔式，就是在地面上设置许多面聚光镜，从不同角度和不同方向把太阳光收集起来，集中反射到一座高塔顶部的专用锅炉上，使锅炉内的水受热而变为高压蒸汽，由蒸汽驱动汽轮机，再由汽轮机带动发电机发电。

12. 太阳能气流电站

当前人们利用太阳能发电最为奇特的要算太阳能气流电站了。

太阳能电站既不烧煤，也不用油，只是装有一个大烟囱，但这个烟囱并不是用来排烟的，而是用来抽吸空气，因此称它为太阳能气流电站则更显得确切一些。

矗立在太阳能气流电站中央的大"烟囱"，是用波纹薄钢板卷制而成的，其直径达 10.3 米，高 200 米，重约 200 吨。在"烟囱"周围是巨大的环形曲面半透明塑料大棚。大棚的中央部分高 8 米，边缘高 2 米，周长 252 米，这个庞然大物是在金属骨架上安装塑料板而建成的。气轮发电机安装在"烟囱"的底部。

大棚内的空气经过太阳曝晒以后，温度比棚外高出 20℃ 左右。因为空气具有热升冷降的特点，又加上"烟囱"具有向外排风的作用，这样使得热空气通过"烟囱"之后快速排出，驱使安设在"烟囱"底部的气轮发电机发电。

德国这座太阳能气流电站白天可发电 100 兆瓦，夜间虽然没有阳光，但棚内空气的温度却是出奇地高，还可以发电 40 千瓦。其发电成本与核电差不多。

13. 太阳池发电

利用水池汇集太阳能进行发电就是太阳池发电。太阳池就是利用水池中的水吸收阳光，将太阳能收集并贮存起来。这种太阳能集热方法，与太阳能热水器的原理相似。不同的是太阳池本身就能够充当贮存热能的蓄热槽，但用太阳能热水器来贮存大量的热能，则需要另外设置蓄热槽。

阳光照射进水池时池水就会变热，并引起水的对流，即热水上升而冷水下沉。在温度较高的水不断地从池塘底部升到池面的过程中，便通过蒸发和反射而将热能释放到空气中，这样就使得池中的水温大体上保持不变。不管天气多么热，也不管经过多么长的时间，水温总是比周围气温低。为了提高池中的水温，人们想了很多办法，其中最成功的办法应该是利用盐水蓄热的办法。

一般而言，湖底处的热水本应该往上升（由于热水比冷水的密度小）而形成上下对流。但是，正由于湖水中含有盐分，当它所含盐分的浓度较大时，水的密度也较大，所以湖底含盐浓度较大的热水自然就极难上升，这样一来就打乱了水的"热升冷降"的循环过程。当湖水无法形成对流时，热量便在湖底处蓄积起来，越积越多，而湖面上重量较轻的一层水，就像同"锅盖"那样，将池底的热能严严实实地封住。就这样，湖底的水温就越来越高，可用来发电。

14. 太阳能空间电力站

科学家们经过仔细地研究，发现太阳光经过大气层到达地球表面时，其中有1/3左右的光能被反射回空间去。因此，在大气层以上接收太阳能，可以比在地面接收的太阳能多出4倍以上。于是，科学家们萌发了一个大胆的设想——把太阳能发电站建到太空中去。

为此，装载太阳能发电站的太阳能动力卫星必须发送到距地面3.6万千米的地球同步轨道上去。卫星绕地球飞行一圈所用的时间，正好与地球自转一周的时间相同，是24小时。

在动力卫星上装有巨大的太阳能电池板，能够将太阳能直接转换成电能，并且将电能转换成微波能而发回地面；地面接收站通过巨型天线，将这些微波能重新转换成电能。

美国在 20 世纪 70 年代初期就发射了一颗装有 147840 个太阳能电池的动力卫星，可发电 11.5 千瓦。它与装在"阿波罗"飞船上的另一个发电能力为 11.3 千瓦的太阳能发电装置相似。

15. 氢能

在众多的现代新能源中，氢能独树一帜，将成为 21 世纪最理想的能源。这是因为，在燃烧相同重量的煤、汽油和氢气的情况下，氢气放出的能量最多，而且它燃烧的产物是水，没有灰渣和废气，不会污染环境。煤和石油的储量是有限的，而氢主要存在于水中，燃烧后惟一产物也是水，可源源不断地产生氢气，成为用之不竭的能源宝库。

氢是一种无色的气体，燃烧 1 克氢能释放出 142 千焦的热量，是汽油发热量的 3 倍。氢的重量特别轻，比汽油、天然气轻多了，因而携带、运输方便。

在大自然中，氢的分布很广，储量很大。水可说是氢的大"仓库"，大约含有 11% 的氢，泥土里约含 1.5% 的氢，石油、煤炭、天然气、动植物体内等都含有氢。

科学家们已研制出利用阳光分解水来制氢的方法。就是在水中加入催化剂，在阳光照射下，产生光化学反应而分解出氢。

16. 磁流体发电

磁流体发电是一种用热能直接发电的发电方式。它的基本原理，是使高温导电流体高速通过磁场，切割磁力线，于是出现电磁感应现象而使得导体中出现感应电动势。当在闭合回路中接有负载时，就会有电流输出。磁流体发电不像传统的火力发电那样，要先将热能转换成机械能，然后再将机械能转换成电能。而是直接将热能转换为电能。

在磁流体发电装置中，找不到高速旋转的机械部件。当导电流体高速通过磁场时，流体中的带电质点便受到电磁力的作用，正、负电荷便分别朝着与流体运动方向及磁力线方向相互垂直的两侧偏转。在此两侧分别安置着电极，并且它们都与负载相连，这时导电流体中自由电子的定向运动，就形成了电流。

磁流体发电机由三个主要部件组成：一是高温导电流体发生器，在以燃气为高温导电流体的磁流体发电机中，高温导电流体发生器就是燃烧室；二是发电和电能输出部分，即发电通道；三是产生磁场的磁体。

磁流体发电机也许多优点：结构紧凑，体积小，发电启停迅速，对环境的污染小等等。可作为短时间大功率特种电源，用于国防、高科技研究、地质勘探和地震预报等领域。

第七章

交通科技馆的发展介绍

说起交通运输，你也许立即就会想到地上急驰的火车、汽车，天上翱翔的飞机和水中游弋的轮船……这些现代化的交通运输工具，为人类社会的发展和经济的繁荣、为增进世界各国人民之间的友谊和友好往来起着巨大的作用。

回顾历史，我们可以发现，自从人类诞生以后，就有人类从事交通运输活动的记载。在原始社会，我们的祖先居住在山洞里，以采集和渔猎为生。为了生存，他们常常需要外出采果、打猎，并将采集到的野果和打到的猎物拖回到山洞里来，供大家分享。后来人类逐渐学会了建筑房屋、种植农作物，并能制造出独木舟，利用自然河流从事运输。三国时期，人们还发明了"木牛流马"，据分析，这是一种颇具特色的独轮车。

传说"木牛流马"是聪明过人的诸葛亮发明的。公元231年，诸葛亮统帅的蜀军讨伐魏军，为了补充给养，要从剑阁往祁山大寨运送粮草。由于山路崎岖，粮草运输很困难，诸葛亮就教人们制作了"木牛流马"。据古书上记载：用木牛流马"搬运粮草，甚是便利，牛马皆不水食，可以转运，昼夜不绝"。

现代交通运输是从19世纪中叶开始的，因为从那时起相继出现了机动轮船、火车、汽车、飞机等先进的交通运输工具。随着这些交通工具的应用和发展，交通运输也发生了根本的变革，并衍生出了铁路、公路、水路、航空和管道等五种主要运输形式。

1. 移动公路

公路是交通的血脉，只有血流畅通了，才能保持交通的安全与快捷，今天随着科技的发展，各形各色的公路也竞相出现。

英国别具新裁地制成一条可以移动的公路，它是用铝合金板连接而成的，装在专用的平板卡车上，可以随便移动。这条公路可以伸缩，哪里的公路坏了，马上就把移动公路搬到那里作为临时应急之用。这条公路可以通过 60 吨的载重汽车。

2. 夜光公路

芬兰一些欧洲国家，在修筑公路时采用能发光的水泥划分车道、铺设人行横道线和制作各种车道标志。这样发光水泥在日光的照射下，能充分吸收太阳光的能量并把能量储藏起来，到了夜晚，发光水泥便会将白天储藏的能量以光的形式释放出来，形成闪闪发光的公路。这样，就会给夜间行使的司机带来了方便，又有利于交通安全，可谓一举两得。

3. 地毯公路

地毯公路是前捷克斯洛伐克最先研制而成的，它并不像家庭里铺的地毯一样，而是利用聚丙烯混合制成了一条 1 厘米厚的带状"地毯"，将"地毯"覆盖在光滑的路面上，这种地毯的独特之处就是它的底部会很快与路面粘合在一起，融为一体，形成一条地毯公路。这种公路与没有覆盖地毯的公路相比，具有许多优点，如寿命长、造价低、耐腐蚀等，更大的优点是可以减轻车轮与路面的磨损，有利于交通安全。

4. 五彩公路

外出时，我们所见的大部分都是用沥青修建的柏油马路，令人感到惊讶的是，挪威采用聚苯乙烯制成五颜六色的塑料砖，用塑料砖铺

93

成了新型的塑料公路。并且塑料砖拼成各式各样的图案，所以铺成的公路也非常好看。这种公路寿命可达20年，而且还富有弹性，即使公路的路基不怎么坚固，也不会出现路面断裂、塌陷的现象。从而大大降低了高速事故的发生率。

5. 防水公路

世界上名副其实的一条吸水或防水公路就是欧洲一号公路，这条公路采用的是一种具有特殊性能的沥青，这种新型的沥青中掺入了碾碎的旧车轮橡胶，使路表面和路的厚层中都形成了许多彼此相通的小洞。在下雨的天气里，这种公路中的小洞可以迅速排除雨水，所以称为防水公路。

6. 无噪声公路

具有生态化的公路——无噪声公路在前捷克斯洛伐克科学家设计研究下也出现了，这种公路是在沥青路面上再铺上矿物填料、沥青和热塑料胶配制的消震层。可以消除汽车行驶的强烈震动和噪音，从而大大地减少了汽车造成的各种噪音。

7. 自动行进公路

全世界各国为了交通方便、安全、快捷，并有利于环境。因此，各种高新技术公路也都争先亮相。

比利时就建了两条自动行进的公路：一条连在两个地铁站之间，路面每秒运行一米，旅客只要站在上面，便能从一个车站"走"到另一个车站；就像我们常见的电梯，只不过它是平坦的。另一条是在机场上，能把旅客和行李直接送到机舱。

8. 高速公路

高速公路的建设质量非常高，路基结实、平坦，上下坡比较平缓，这样汽车在高速公路上行驶时能够既快又平稳。高速路的路面宽阔，中间有隔离带，来往的车辆各行其道，互不影响。高速公路和普通公路的另一个明显区别是不设红绿灯，这样就能够保证车辆始终高速、通畅地行驶。

9. 悬浮铁路

悬浮式铁路就是，使列车车体悬浮于导轨之上运行的铁路。悬浮式铁路是利用物理的方法造成的，它不仅具有高速度这一突出特点，还有许多优点：

1、无振动：轮轨式铁路运行时，钢质的车轮在钢轨上滚动，高频的冲击使车体产生明显的振动。而悬浮式铁路没有这种冲击，因而也就不会产生车体的振动，坐上去感到非常平稳舒适。

2、无噪声：由于没有冲击和振动，也就没有因此而产生的噪声；又由于列车外观呈流线形，而且运行中车厢是全封闭的，这样就大大地减少了车体与空气摩擦而产生的噪声。

3、耗能少：由于运行时车体悬浮，不与轨道面接触，所以车体底面所受的摩擦力很小，再加上无振动、无噪声，所以能量消耗降到了最低点。

10. 空气悬浮式铁路

空气悬浮式铁路是利用压缩空气使车体底面和导轨之间形成空气

层——气垫，车体依靠气垫的悬浮力悬浮于导轨的空势之上运行，所以又称为气垫式铁路。在这种铁路上运行的车辆叫做气垫车。20世纪60年代，在法国巴黎和奥尔良郊外建成了两条空气悬浮式铁路。一条长6.7千米，一条长18千米。运行在奥尔良线上的250－80型气垫车，每节车厢长26米，宽3.2米，高4.35米，重20吨，可乘坐80人。车上特殊的压缩空气供应系统，使车底面与导轨面间形成垫，整列悬浮在导轨面上，再利用发动机推动列车前进。由于空气层的作用，列车运行时底面所受的摩擦力很小，因而大大提高运行速度，最高时速达422千米。这大约是现有高速铁路运行速度的两倍！

11. 磁悬浮式铁路

　　磁悬浮式铁路是利用分别装在车体和轨道上的电磁铁之间"同名磁极相斥"（日本）或"异名磁极相吸"（德国）作用，使列车悬浮于轨道上运行的，形象地说，就像在车体与轨道之间有一个看不见的"磁垫"一样，所以称为"磁悬浮"。

　　磁悬浮所用的电磁铁又分两种：常导电磁铁和超导电磁铁。常导电磁铁的导电材料是普遍用的金属导电材料，具有一定的电阻。由于要使几十吨乃至几百吨的车厢克服重力而悬浮起来，需要电磁铁的磁性非常强，由此以来这就要求通过导体的电流非常大。而大电流通过有电阻的导体时会产生大量的热。因此，常导电磁铁工作时必须有大量的冷却水帮助它散热。这就造成设备臃肿复杂，特别麻烦。超导电磁铁的导电材料是超导材料，也就是在低温下失去电阻的材料。如果选用高温超导材料制成导体，只需把它浸在零下196℃的液体氮中，电阻就会消失，无论通过多大电流也不会发热。所以，超导电磁铁工作时不需要笨重的冷却系统配合，比常导电磁铁轻巧灵便得多了。当然，为了保持它的极低温工作状态，对技术上的要求也就高多了。

12. 燃料电池汽车

燃料电池汽车是用燃料电池代替蓄电池产生电能，从而供电给车上的电动机使其运转。燃料电池与蓄电池不同，必须从电池外部源源不断地向电池提供燃料，燃料一般用天然气、甲烷、煤气等含氢化合物。在电池的工作室内，燃料中的氢被分离出来，和输入的空气中的氧气结合生成水，同时就产生电能。也有的燃料电池输入的燃料就是氢，称为氢燃料电池。用于汽车的燃料电池的功率一般可以达到 50 千瓦以上，这样就解决了蓄电池电动汽车存在的蓄电池容量小，车的行程短的难题。唯一的缺点就是燃料电池的成本比较高。

第一代燃料电池汽车已经在美国、加拿大、日本等国进行了试验。燃料电池汽车行驶时没有废气，也没有发动机的噪声。随着新型燃料电池的研制，其成本可望下降。

燃料电池汽车具有无污染、低噪音，起动迅速，使用方便等优点，因此，将成为二十一世纪首选的绿色汽车。

13. 天然气汽车

天然气汽车就是一种以天然气为燃料的内燃机汽车。这种车原理很简单，现有的烧油内燃机汽车将动力系统稍加改装，都可以成为天然气汽车。

自然界天然气的贮量相当丰富，已确定的为 1.24 亿亿立方米，相当于石油贮量的 79%。据专家推测，实际贮量还远远大于这个数字。丰富的天然气资源为天然气汽车的发展提供了可靠的保障。

天然气汽车最大的优点就是对环境的污染程度特别低。在它排放的尾气中，一氧化碳的含量只有一般限定标准的 1/60，几乎没有含硫物质，含铅固体微粒的排放量也近乎为零。比烧油（汽油、柴油）汽车洁净多了。

14. 太阳能汽车

太阳是一个硕大炽热的球体，它每时每刻地向周围空间释放出巨大的能量，而且这能量是取之不尽、用之不竭的，既干净又无污染，还是免费供应。所以污染严重的今天，人们自然而然地就把心思转向了太阳。太阳能汽车也就应运而生了。

太阳是如何驱动汽车的呢？

当然，太阳光不会直接驱动汽车，而是太阳光照在太阳能电池上，太阳能电池将太阳的光能转换成电能，电能驱动汽车上的电动机。从这种意义上讲，太阳能汽车实际上是电动汽车，但和电动汽车有所不同电动汽车的蓄电池靠电网充电，太阳能汽车用的是太阳能电池。

车上的蓄电池一次充满电以后，太阳能汽车的最高速度可达到每小时 200 千米，可以连续行驶 300~400 千米，阳光充足的天气能达到 500 千米以上。

目前，世界上许多国家都有了自己研制的太阳能汽车。这些车有的带蓄电池，有的不带。车身用塑料制成，既轻便又结实。

15. 风力汽车

风力汽车也属于一种环保汽车。

它是一种完全以风力作为动力的新型汽车，这种风力汽车是由美国工程师戴维·伯恩斯设计发明的。该车设计新颖、构思巧妙、轻便灵活，是绿色汽车家庭中的一朵奇葩。

这种风力汽车的驱动装置和普通汽车是不一样的，它是由两个电动马达组成，并分别安装在两只前轮上。风力汽车的动力转换与传递过程是这样的：汽车的底盘上装有一套专业化部件——"风圆锥"，在汽车向前行驶时，气流沿着进风管冲入风圆锥，并聚集在风圆锥的另一端，在那里有一个扇形涡轮机，然后通过内置式发电机将风能转化为电能并储存在蓄电池中，由蓄电池将电能持续不断地传送到前轮的两个马达上，从而驱动汽车前进。

16. 会飞的汽车

会飞的汽车是由飞机和汽车组合而成的，因此可以称它为飞行汽车。那么飞行汽车是怎样飞起来的呢？

原理很简单，它起飞的过程有点像直升飞机起飞。在它的身上装有几台风扇驱动器，风扇的排气管可以变换角度。当起飞时，风扇的排气管垂直向下排风，产生向上的推力，这个推力可以使汽车升高离开地面。当汽车升起至一定的高度后，排气管随即向后转动，于是又产生向前的推力，推动汽车前进。

当汽车在天上飞行时，没有了向上的推力，汽车会不会掉下来呢？不会的，因为当汽车飞行速度达到每小时 160 千米时，翅膀上下的空气压力差，就足以支撑汽车的重量。

另外，美国的有关专家们还研制出一种飞行汽车，它的后部有个特制的车厢，车厢里装着机翼、尾翼、螺旋桨等。平时像普通汽车一样在公路上行驶，当出现交通阻塞时，它能在几分钟内把机翼、尾翼、螺旋桨装在汽车上，然后飞起越过障碍物后继续在公路上行驶，在城市中交通拥挤的情况下驾驶这种汽车特别方便。

17. 会说话的汽车

驾驶汽车的人都有这样一种想法：希望汽车能听懂自己的话，并能与自己对话，针对这种情况，科学家们研制出了会说话的汽车，会说话的汽车有多种。比如，有一种能用语言提醒驾驶员的电脑汽车，当油箱里的汽油所剩不多时，它就会说："油箱里的汽油只够跑几千米的路程了，如果想要继续跑下去的话，请及时加油。"当电脑察觉到你已经疲倦了，它就会说："你该休息了，如果再开下去，你将到医院去报到。"当行驶前方有障碍物或其他车辆，它就会说："前方危险，你要小心驾驶，以免发生意外……"

1996 年初，美国的阿美利亚汽车公司推出了世界上第一辆能够接受语言指令，并且能够用语言进行回答的会说话汽车。

驾驶员打开车门，用智能卡启动汽车，然后打开电脑控制的语言导航系统，只需将你现在的位置及要去的街道或商厦或具有显著标志建筑物的名称对电脑说一下，电脑立刻就会告诉你正确的行驶方向和路线，在你按下电脑上的确认键之后，电脑就会指示着你行车上路。

这种会说话的汽车不要驾驶员用眼睛去观看电脑的显示屏，也不要驾驶员的双手为查询电脑数据而离开方向盘，因而这种会说话的汽车大大提高了行车的安全。比其它的任何电脑汽车都先进。

18. 无人驾驶汽车

早在 20 世纪 80 年代就有了无人驾驶的汽车。它用两台电视摄像机作为"眼睛"，安装在汽车大灯的上面与下面。它用一台电子计算机作为"大脑"，安装在司机座位旁边，由它完成图像识别，认清道路和环境，并且进行路线规划，计算出如何去控制驱动系统。还有自动控制系统，它的任务是完成司机的手脚驾车的动作，控制方向盘，进行刹车等。这种无人驾驶车辆行驶速度是每小时 20 千米。车能自动靠道路左边行驶，如果遇有障碍物，能驾车向右绕过去，然后再回到左边行驶。若是障碍物把道路堵塞了，它能自动停下来。

19. 单轨火车

我们知道现在的火车都是双轨火车，然而科学家们却研制出了一种单轨列车，单轨火车顾名思义就是只有一条铁轨的火车，然而一般的铁路都是由两条铁轨铺设在地面上的，它不可避免地会干扰其他地面交通。另外，由于铁路一般铺得都很长，所以会占用大量的土地资源。于是人们就开始设想制造少一条的铁轨，即单轨。

独轨铁路主要的结构是高架轨道，轨道一般是由钢或钢筋混凝土制成，火车是由铝合金制成的独轨铁路列车。这种独轨铁路列车的车轮有动轮和导轮之分：动轮承载车体的重量，行走在轨道的正面；导轮行走在轨道的侧面，用于保持车体的稳定和导向。

单轨列车有两种：一种叫做悬挂式单轨列车，列车悬挂在单根铁轨的下面；另一种叫做跨座式单轨列车，列车跨骑在单根铁轨上。

20. 电脑火车

电脑列车是美国一家公司新研制的，它是一种高科技的新型列车，它具有高速、廉价等优点，并可直接到达任一车站，美国于 1996 年开始投入了使用。

这种列车，无论你在哪一个车站上车，也不论你在哪一个车站下车，只要登上列车，中途不停靠任何车站，它会一直把你送到你要去的那个地方，而且不会出一点错。怎样才能实现在任意一个车站上车都能直接到达目的车站呢？

要做到这一点，首先要求每个车站都要建在离开铁路主线的位置上，以便使其他过往此车站的列车能不受阻碍地通过；第二，每个电脑列车的车站站台，每个站台只发直达某一车站的电脑列车。每位上车的乘客，在您到车站买票时就表明了自己要去的目的地车站，在车站中央电脑的指引下，乘客来到自己所乘列车的站台，登上电脑列车就能直接到达您要去的车站了。

这种电脑列车由两台电动机驱动，在高高架起的轨道上行驶，列车的速度可以达到每小时 241 千米。这种电脑列车无人驾驶，列车的启动、运行和行驶速度完全由电脑自动控制。列车内部设施豪华，座位可以随意调整：如若安放标准座长椅，每辆车能载乘客 32 名；若安放豪华型航空椅，每辆车只能载乘客 6 名。

21. 行星列车

"行星列车"就是指行驶在地下的真空磁悬浮超音速列车。

美国一位名叫索尔特的科学家在参观了日本的磁悬浮列车后，产生了一个想法，既然磁悬浮列车能够不接触钢轨行驶，并且速度很快，那如果在真空中没有空气的阻力，列车的运行速度肯定还能够提高。

这确实是一个伟大的设想，如果这个设想能够实现的话，列车的速度可达到 6389 米/秒，以这个速度横穿中国大陆的话，只需要 20 多分钟的时间。

要建造这种神奇的行星列车，困难非常大。首先要在地下深处挖一条长距离的隧道，在隧道内铺设两根或四根直径为 12 米的管道，然后抽出管道中的空气，使管道内部处于真空状态。

磁悬浮列车在这样的管道中行驶时，既没有阻力、又没有空气摩擦，所以列车能高速运行，这个速度甚至超过导弹的速度。

另一方面，它还可以节能，因为在真空状态下行驶没有阻力，所以列车所消耗的能量极小，仅是飞机的 2%～3%，而且是在地下几十米的深处，不会产生噪音、废气等污染环境，也没有超音速飞机所带来的冲击波，更不会对地上的环境有影响。如果再能利用这些隧道铺设油、气、水管道，铺设煤炭等物质的输送管道，来达到管道运输的目的，这样就可以一举多得了。

22. 水下列车

列车像一艘潜艇一样，一头扎进浩瀚的海洋，列车中的旅客顿时静下来，几分钟后惊魂未定的旅客发现自己到了奇妙的水下世界，各种美丽的游鱼从车窗边闪过，巨大的珊瑚礁不时地出现在人们眼前，人们欢呼起来。

设计中的水陆两用列车，在陆地上速度为每小时 200 千米，在水下 30 米处速度为每小时 80 千米。

列车在水中快速行驶，必然会遇到海水的阻力，为此科学家们决定在水下建造高架单轨铁路，让水下列车安全地行驶在特制的高架单轨铁路上。列车上设置了垂直、水平两个方向上的稳定器，使列车行驶在深水中时能够保持平稳。

水下列车是以电磁为动力的列车，列车前进依靠单轨铁路路基上的带电线圈产生的磁场，与列车本身的电磁铁相互作用，从而驱动列车在水中快速行驶。

你可能会担心，海底游龙——水下列车好是好，可是如果列车在水中发生意外情况那该怎么办？如果水下列车真的发生了意外情况，那也不必惊慌，车上的电脑会立即引导列车自动脱轨浮出水面，同时向中央控制中心发出求助信号，救援飞机会很快地出现在人们的身边，将被困乘客及时疏散到安全地带。

23. 气垫列车

让一张纸飘摇落地，我们就会看到：当纸接近地面时，它渐渐放慢了下降速度，好像有东西托着似的变轻了。实际上，它受到了一个向上的空气作用力，这种现象被称为地面效应。利用"地面效应"原理研制出的飞行式气垫列车，是一种会飞行的新式列车。它集中了火车和飞机的优点，时速可达 500 千米，使用清洁的太阳能和风能，不需要任何燃料。列车两侧装有机翼，能像飞机一样在离固定轨道 15 ~ 50 厘米的高度上滑翔。

24. 直升机

直升飞机共有两个螺旋桨。头顶上一个较大的，叫机翼，不停旋转使空气产生一种向上的浮力，将飞机直送上天。尾部的一个较小，可用来改变直升机的飞行方向。在这两个螺旋桨的配合下，直升机可在空中自由飞行，还能在空中一动不动地停在那里，这使它能够完成其它飞机所无法胜任的工作。

如今，直升机在各式各样的飞机中仍占有不可替代的地位。它适应性强，不需要专设机场，随处都可起落；灵活性大，可以随时改变飞行方向。因为这些优势，它常常被用于地质勘探、防火护林、野外救护、海上巡逻以及高空摄影等各项作业中。

25. 超轻型飞机

超轻型飞机属于轻小型飞行器中的一种。这种飞机除了体积比大飞机小，重量比大飞机轻外，其它结构同大飞机类似。

超轻型飞机中的各型号飞机都具有重量轻、机翼面积大、空中滑翔性能好、飞行平稳、飞行速度低的特点。超轻型飞机在低空飞行较安全、可靠，可以保持距地面 5 米的高度飞行。超轻型飞机的起落对机场要求不高，它的起落滑跑距离只需几十米到二百米，只要有一块较平的地面就可以起降。

超轻型飞机的用途很广，可以用于航空体育、航空摄影、探矿、护林、播种、喷洒农药、资源调查、商业活动、城镇规划等活动。

26. 微波飞机

众所周知，电磁波是传递能量的一种方式，我们熟悉的微波也是一种电磁波，因此也能传递能量。微波飞机就是科学家们根据微波能传送能量的道理，制作出的。

微波飞机是怎样工作的呢？

科学家们首先在地面上建立了一个微波站，通过微波站可将携有高能量的微波发送到很远很远的空中，然后在微波飞机上安装一个接收仪器，这个仪器能接收微波能量，并将微波能量转化成电能，给飞机上的发动机提供动力。只要地面微波站连续不断地发送能量，微波飞机就可以连续地在空中飞行。

1987 年 10 月，加拿大多伦多宇航技术研究院，研制成功一架靠微波提供能量的飞机样机，这是世界上第一架微波飞机，并当众进行了飞行试验。样机在天空持续飞行了 20 分钟，引起了世界上飞机爱好者的关注。

27. 太阳能飞机

太阳能是一种新兴的无污染的能源，它越来越引起人们的重视，太阳能已被应用在航天领域里。早在 70 年代末，太阳能飞机就问世了，因而人们对它并不陌生。起初的太阳能飞机只能在白天天气晴朗的时候飞行，一到阴雨天或夜间它就只能"望天兴叹"了，而现代的太阳能飞机能克服这一弱点，基本上随时都能飞行。

太阳能飞机的机翼很大，浑身上下贴满了太阳能电池，太阳能电池将太阳的光能转换成电能，驱动飞机发动机工作，从而保证飞机在空中飞行。

一般现代太阳能飞机都不载人，因为：第一，它在空中停留的时间比较长；第二，太阳能飞机要选用轻质的新型复合材料制作，因为它的动力源有限，一般的太阳能飞机有一二百公斤重。

人们利用太阳能飞机调查地面上的情况，太阳能飞机拍摄出来的照片比卫星拍摄出来的要清晰得多，它能够对特殊的地域做环绕飞行，而卫星却不能做到这一点。

28. 氢燃料飞机

在环境日益恶化的今天，人们希望能寻找到一种方便、清洁的燃料，于是人们便想到了用氢气做为燃料，当然航天专家也想到了这点，氢燃料飞机就是在这种背景下问世的。氢燃料飞机是以氢为燃料，既节能、又无大气污染的一种新型燃料飞机。

氢燃料飞机的研制并不是现在才提出。早在 1956 年，美国就曾用一架改型的 B－57 "堪培拉" 轰炸机进行过这方面的试验，只是结果令人不满意。1988 年，前苏联把一架三台发动机的客机进行改装，把三台发动机中的一台更换为烧液氢的 NK－88 发动机，另两台仍烧航空煤油，飞机的其他部分也做了相应改动（如增添了液氢燃料箱等）。1988 年 4 月 14 日，该机进行了首次试飞，获得成功。可惜的是，因液氢燃料价格太高，试验未能坚持下去。鉴于天然气燃料在当时使用已很普遍，前苏联的研究人员又把 NK－88 发动机进行了一番改装，使它又成为世界上第一架能使用天然气燃料的飞机，并于 1989 年 1 月 18 日进行了首次试飞。在以后的 5 年中，又进行了 80 多次飞行，并多次出现在世界航展上，均引起观众和各国航空界人士的关注。

29. 飞机的机翼

飞机的机翼是用来产生升力的，机翼越大，升力就越大。在飞行速度比较低的时候，为产生足够的升力，就要把机翼做得长一些，甚至一个机翼不够用，两个、三个。随着航空发动机的逐步改进，飞机速度有了很大的提高，因此不需要很大的机翼面积就能产生足够的升力，反而要考虑如何减少或减小机翼来减轻飞机的重量和阻力，以保证飞行的速度。所以现代的飞机差不多都已经改成了单翼飞机，而且飞行速度更高，机翼更短。

30. 水上机场

水上飞机可以平稳自如地在海上起飞降落，但这并不意味着任何水域都可以作为水上机场，因为水上机场有其特殊的要求。

水上机场必须有一条理想的水面跑道供飞机起飞和降落。由于水上飞机滑跑距离比陆上飞机要长，受海浪和侧风影响较大，所以这条柔软跑道的长度和宽度也相对加大，至少有几千米长，几百米宽。同时，为了保证机体在水中滑行的安全，不仅要避开暗礁和浅滩，而且也要考虑到海水涨落对水深的影响，以及风速、浪高对飞机的影响。机场通常选择在风平浪静、水较深、没有暗礁、海水涨落不大的海湾。此外，还要在选定的水域设置各种浮标，用以表示飞行水区的轴线、边界和端界等。飞行员通过这些标志的指示，就可以完成飞机的起降。当然，仅有水上跑道还是不够的，为了便于水上飞机制调度和上岸，机场还要配备许多牵引艇和一条专门用于飞机上、下岸的水滑道，以及指挥塔等设施。

31. 水翼船

水翼船是一种船底部装有浸在水中的水翼，航行时靠水翼受到的升力使船体全部或部分升离水面的高速船。它的航速可以达到每小时 70～130 千米，速度是同吨位普通船舶的几倍，而且适航性也很好。

水翼船用高速柴油机做为动力装置，一般用水下螺旋桨或喷水推进装置推进。水翼用不锈钢和钛合金制造，船体一般用铝合金和钢材制造。

水翼船的工作原理与飞机一样。它水翼的断面也与机翼断面的形状一样。当船在推进装置的作用下快速航行时，浸在水中的水翼就因其断面的特殊形状而造成它的上、下表面所受水的压力不同，下表面的压力大于上表面的压力，从而形成升力，逐渐把船体抬起。这样就使船所受的水中阻力减小，使船速容易提高。当航速增加到一定值时，升力即大到可以将船体完全抬出水面，使船在水面上掠行。这样，当船高速行驶时，就可大大降低水动阻力，并可减少波浪对船体的冲击。当水翼船停泊或以低速航行时，水翼不产生升力，这时水翼船就同普通的排水型船一样，其船体靠浮力支持。

32. 破冰船

制造破冰船的钢板要比普通船厚得多，船身又短，使得进退和变换方向都特别灵活；船头斜度大，便于爬到冰面上；船头、船尾和船身两侧都有很大的水舱。具备了这些特点，破冰船就能够破冰了。它先把船头翘起，爬到冰面上，靠船头 1000 多吨的重量把冰压碎。如果冰层较厚，破冰船就后退一段距离，开足马力向前冲，一次不行就二次、三次……，直到把冰层冲破。如果冲不开怎么办呢？别急，它还有另一套本领呢。它把船尾的水舱灌满水，使船头高高翘起爬到冰面，然后把船尾的水舱排空，再把船头的水舱灌满水。这样，本来就很重的船头，再加上这几百吨的水，就能压碎很厚的冰层。

破冰船也有搁浅的时候。当它爬上冰面压冰，可是冰没有破碎，只是向下塌陷，两边的冰又紧紧卡住船身，即使破冰船开足马力，也一步都动不了。这时，破冰船就分别向船身两侧的水舱里灌水，使船左右摇摆，来摆脱困境。

33. 冲翼艇

冲翼艇是利用航行时贴近水面的艇翼的表面效应所产生的空气升力，使艇体离开水面，在接近水面的空气中飞行的一种特殊的高速船舶，它的外形与飞机非常相似。

利用地面效应航行的飞行器，统称地效飞行器，冲翼艇是地效飞行器中的一种。

冲翼艇一般采用空气螺旋桨推进，用空气舵控制飞行，飞行速度最高可达每小时 370～430 千米。（当然，它也可以像传统的排水型船那样，以低于每小时 90 千米的航速在水中行驶。）

冲翼艇与其说是"船"，不如说是"飞机"。但是由于它不具备在空中自由飞行的能力，必须贴近水面飞行，因此仍把它作为一种特殊的船来看待。另一种说法是，它是介于船舶与飞机之间的交通工具。

一些国家也相当重视冲翼艇在军事方面的应用。例如，早在 1964 年，美国就研制成反潜冲翼艇和大型两栖登陆冲翼艇。

34. 气垫船

船是在水里行驶的，可是气垫船既能在水里走，又能在陆地上跑，这是怎么回事呢？

原来气垫船和一般的船不一样，气垫船的船底四周有一圈用橡胶做成的围裙，开动的时候，用压气机把空气从船底喷出，由于周围有橡胶围裙阻挡，于是，喷出的空气在船的下面形成了一个空气垫，使船悬起来。所以，无论是在水里还是在陆地上，它都能行驶。即使在沼泽地区，它也会畅通无阻。

在气垫船上还装有好几个螺旋桨，气垫船悬起来后，借助高速旋转的螺旋桨产生的推力，就能飞快地前进了。

气垫船的速度可达每小时几十千米，最快可达 200 千米。

35. 潜水艇

一般的船只行进在江海中，都害怕遇到风浪，只有潜水艇是个例外。

波浪的产生常常是风力作用的结果。海面上风力越大，波浪拥有的能量就越大，而且，波浪沿水平方向传播时，常常会形成后浪赶前浪的现象，使波浪传得很远。两个相邻波峰之间的距离即波长，波长可以拉得很长（可达 600 米）。波浪拥有的能量也很大，一个浪头扑来，可以使每平方米面积上受到几吨甚至几十吨力量的冲击。所以，一般的船舶都害怕遭到风浪的冲击。

波浪在向下传播时，随着深度的增加而急速地减弱下来。所以，即使海面上风急浪高，潜水艇只要潜到几十米以下，就能往来自如，一点也不会受到波浪的影响。

军事武器是军队建设的基础，也是一个国家军事实力的具体体现。武器装备的发展，与人类科学技术的发展有着密不可分的联系，从刀耕火种的原始社会到现今的高科技时代，武器的发展，贯穿了人类的整个社会，我们从历次的战争中可以得出这样一个结论，即武器的先进与否基本上可以决定一场战争的胜负。

现代战争，是高科技集成下的武器竞争，谁拥有了最先进的武器，谁就拥有战争的主动权。现代战争基本上改变了过去血淋淋的肉搏场面，军事家们赢得胜利的法码是靠军事威慑和军备造势。

鉴于现代战争的态势，发展高科技，研制新式武器是一个国家巩固国防、建设国防的首要前提，也是促进社会发展，推进生产力前进的强大动力，所以，学习军事武器方面的知识，培养军事武器方面的兴趣，进而钻研开发新式武器，是青少年一代义不容辞的责任。

1. 超强预警机

世界上最昂贵的飞机是什么？你也许想不到，是预警飞机，也叫预警机。

预警飞机是一种什么飞机？为什么它特别贵呢？

20世纪40年代，英国开始将雷达装到飞机上，它居高临下，再也没有看不到的"盲区"了。用雷达在飞机上进行侦察，可以在很大范围内探测到敌机。这样就出现了可以预先，即在敌方飞机出发前，就能警觉出来的侦察机——带雷达的侦察机，这种侦察机后来就叫"预警机"。

60年代中期，新一代预警机 E－3A 出现了。这是美国用波音707客机改装而成的，号称"望楼"。它航速近1000千米/每小时，升限为12000米，续航时间为15小时，航程为12000千米。它在900米高度时，可探测到 600 千米远，可跟踪 600 个目标，指挥 100 架飞机作战，探测面积达 50 万平方千米。

正是预警机的这种超强的预警能力，使得其一跃成为世界上最昂贵的飞机。

2. 滑翔机

在介绍滑翔机在空中飞行的原理之前让我们先来做一个简单的试验：在下嘴唇粘上一张小纸条，用力一吹气，小纸条就会飘起来。这是因为吹气的时候，纸条上面的空气跑得快，压力小；纸条下面的气体跑得慢，压力大。这样，纸条就被下面的气体托着飘起来了。

飞机就是根据这个原理设计出来的。

滑翔机和一般的飞机不同，它没有发动机，但却有两只很大的翅膀，完全靠着上升气流在天空中滑行。天空中上升气流很多，有时是风被山挡住，气流只好向上跑；有时是空气流过比较热的地面，受热膨胀而向上升。滑翔机驾驶员只要很好地利用上升气流，设法从这个上升气流滑行到另一个上升气流，便可以在空中飞上几个小时，飞到几百公里以外的地方，甚至更远。

3. 隐形飞机

隐形飞机是一种运用隐形技术设计制成的军用飞机。不过，隐形飞机并不是指飞机在肉眼视距范围内不能被看见，而是相对于雷达而言的。雷达发射的电磁波束照射到飞机表面时，它产生的反射波沿照射方向返回而被雷达接收，并在荧光屏上显示出一个亮点来。飞机的雷达散身截面越小，雷达"捕捉"到它的机率也越小。隐形飞机的雷达散射截面仅为其他飞机的 0.01% ~ 0.1%。

4. 反装甲步枪

反装甲步枪主要以轮式和履带式轻型装甲车为作战对象，包括步兵战车、装甲人员输送车、侦察与指挥车等，以及停机坪上的飞机、直升机、侦察和雷达设备、主战坦克暴露在外面的设备等。

这种反装甲步枪的一个重要特点是，口径达到 15～20 毫米。这样，就大大加强了它的威力。

反装甲步枪的另一个特点是，它发射的是穿透力强的尾翼稳定脱壳穿甲弹，而不是普通的穿甲弹。这种枪弹的弹芯直径比较小，但很长，由硬度很高的钨合金制成。它与箭形弹一样，用塑料弹托卡住弹芯，并一起装入弹壳的。枪弹被发射出去后，弹托在枪口不远处脱落，弹芯便以很高的速度飞向目标，从而将目标击穿。

现在，步兵战车的装甲厚度一般为 10～20 毫米。而奥地利的 15 毫米反装甲步枪发射的穿甲弹，可以击穿 800 米外 40 毫米厚的装甲板。由于战车的装甲板不是垂直安装的，而是倾斜了一定角度，所以装甲的实际厚度就厚一些。如果考虑到装甲的倾角，反装甲步枪也完全可以穿透的。目前反装甲步枪已成为对付轻型装甲目标的有效武器。

5. 榴弹机枪

榴弹机枪，又叫做"自动榴弹发射器"或"榴弹发射器"，是一种步兵近程支援武器。它的外形和基本结构与机枪一样，用弹链或弹鼓供弹，并采用与机枪相类似的瞄准器和枪架，所以人们又把它叫做"榴弹机枪"。

不过，榴弹机枪与机枪也有不同：机枪发射出去的是子弹，而榴弹机枪发射出去的是榴弹。

目前，世界上约有十几种榴弹机枪，其口径有 30 毫米、35 毫米和 40 毫米。这种枪的出膛速度约为 170～240 米/秒。

榴弹机枪具有如下几个特点：一是火力强，它在理论上每分钟可发射 300～450 发弹；二是射程远，可达 2000 米左右；三是既能发射用以杀伤有生目标的杀伤榴弹，又能发射用以毁伤轻型装甲车辆的破甲弹，还能发射烟幕弹、燃烧弹等其他弹药。

德国 HK 公司研制成的口径为 40 毫米榴弹机枪更现代化，它配有弹道计算机和全天候激光测距机，是榴弹机枪中采用较多的高新技术武器，因而威力大增，使用方便，成为榴弹机枪的后起之秀。这种枪全重 35 千克，子弹的出膛为 240 米/秒。

6. 头盔枪

从外形上看，头盔枪与普通头盔似乎差不多，但在结构上它比头盔复杂多了。

在头盔的最上方是容纳子弹的枪膛。其前端是射出子弹的枪管，而后端则是排泄子弹发射时所产生的气体的喷口。

在头盔的前额处装着光学瞄准镜，它的瞄准线和枪膛轴线平行。当发现目标时，通过瞄准镜和装在射击手眼睛前面的反射镜将目标准确地反射到人的视线以内，射手就可根据需要操作电发火装置，向敌人进行点射或连续射击。这样，射手就完全摆脱了双手托枪射击的老办法。腾出来的两只手可操作其他武器或兼做别的工作，如驾驶车辆或指挥交通，或者携带轻型反坦克武器，也可调整使用观测仪器等。

头盔枪虽小，但在现代战争中却能发挥重要作用。当敌人突然使用化学武器、核武器或者细菌武器时，头盔枪上可开关的通气孔立即关闭，背囊中的输氧装置便会通过管道自动输送氧气。与此同时，前额处的瞄准镜也立即自动关闭，以保护射手的眼睛不受光辐射等损害。

更奇特的是，头盔枪内还装有食品输送管，射手可以随时吃到营养丰富的流食，以保证长时间作战的需要。

7. 化学枪

化学枪是一种以化学物质代替子弹的新型枪。它主要用来自卫和防盗。化学枪的体积一般都不大，可以装在手提包里随身携带。其结构比较简单，由金属圆筒、保险装置和击发器等部分组成。

金属圆筒与手电筒的外壳相似，重20多克。在圆筒内装有一种叫做磷一氯苯亚甲基丙二氰的溶液和二氧化碳等药剂。圆筒上带有不锈钢夹，以便将圆筒夹在手提包上或衣袋上，也可夹在汽车驾驶座前的遮阳板上。保险装置和击发器也设置在圆筒上。使用时，先打开保险装置解脱保险，然后将击发器的按钮推到有"ON"标志的位置上，击发器就处于待发状态。按下按钮，圆筒内呈气溶胶状的液体就喷射出来。

这种气溶胶状液体对人体皮肤有很强的刺激性，并能溶解皮层脂肪，使神经末梢随即裸露在外面，所以皮肤就会产生灼痛感。毒液进入眼睛，使人流泪不止，并暂时失明。中毒20分钟后，如不采取任何措施，人会感到呼吸紧促，继而处于不能自制的昏迷状态。不过如及时用胞皂水清洗皮肤和用清水冲洗眼睛，上述中毒症状就会慢慢消失，而且不会产生后遗症。这种化学枪的喷射距离可达2～3米。金属圆筒可重复使用。

这种化学枪还可以装在汽车上用于防盗，防盗车上的化学喷枪和圆筒化学枪在结构和操作方式上有一些差别，但原理上基本相同。它们的共同特点是，以有毒的化学液体使犯罪分子暂失去行动能力，从而达到防劫和自救的目的。

8. 微声枪

微声枪通常也叫做无声枪。实际上，用这种枪射击时并不是没有声音，只是声音微弱使人无法听见。

微声枪包括微声手枪、微声步枪和微声冲锋枪等，它们在结构上与普通枪相似，所不同的是在枪上增设了消音装置，并改进了枪弹等。

一般对微声枪的声音大小，大致有这样的要求，即用微声枪在室内射击时，室外听不到声音；在室外射击，室内听不到声音。另外，还要求这种枪在一定的距离上，白天看不到射击火焰，夜晚看不见火光。实际上也是通常所说的无声、无光、无焰的"三无枪"。

9. 声波枪

声波也能用来制造武器吗？也许很多人都不相信，但这是事实，例如声波枪是以次声波来进行杀伤和起破坏作用的一种武器。所以也称为次声枪，那么次声波何以能杀人毁物呢？

实际上，次声波是人耳听不见却能感觉到的低频（20赫）振动。这种振动对人体的危害是很大的，轻者会使人头昏、呕吐和呼吸困难，重则使人昏迷、瘫痪，甚至因内脏器官破裂而死亡。

其实，人和动物本身就是不断以10赫左右低频进行着有节奏的脉冲式振动。人体的各种器官和部位都有各自较低的振动频率（也称固有频率），例如人头部的固有频率为8~12赫，腹部内脏的固有频率为4~16赫等。

如果次声波的振动频率低于10赫，就能使人体组织产生共振而使人受到伤害甚至死亡。实验证明，当发生这种共振时，人的器官如心脏、耳朵、眼睛、肺脏等，都受到一定的影响和损害。

次声波还具有较强的穿透和渗透能力，可以穿透建筑物、掩蔽工事，甚至坦克和潜艇，杀伤其内部的乘员。人们正是利用次声波的这些特点，将大功率次声波定向辐射到有生目标，以达到一定的杀伤破坏效果。

10. 电热枪

电热枪是一种用新能源发射枪弹的枪。它由外部电源提供必要的能量，通过放电产生高温高压气体，以推动弹头前进。

电热枪与目前的常规枪械相比，最突出的优点就是出膛速度获得大幅度提高，其最大速度可高达 5000 米/秒，这是火药枪械望尘莫及的。

电热枪的工作原理非常简单，它是利用等离子气体（由正离子和自由电子组成的气体，不带电，但导电性很强）推动弹头前进的。在枪和枪弹上装有高压电极，而在弹壳内装有液体，在扣动板机的发射瞬间，通过脉冲放电的方式将液体转化为等离子气体，将弹头推入枪管内，使它高速旋转飞出枪口。

使用的液体以液化氢最为理想，但这种液化氢使用不安全，因而常把水当作工作液体，用电脉冲放电方式从水中电离出氢离子，即形成等离子气体。目前所用的电源是硫－锂电池。

11. 激光制导炮弹

从外形看，激光制导炮弹像导弹，却有着炮弹的特征。这种制导炮弹用 155 毫米榴弹炮发射，射程为 4 千米～20 千米，其弹着点的误差 0.3～1 米。而同口径的普通榴弹的弹着点散布，却达 14～18 米。由此可见，激光制导炮弹的本领异常高超，使一般炮弹望尘莫及。它的这种特长，最适合用来射击远处的坦克、装甲车辆等活动目标。

这种制导炮弹和普通炮弹不同，它由导引头、电子装置，聚能装药和控制部分组成。

导引头里装有光学装置、陀螺和传感器等。光学装置用来捕获目标反射回来的激光回波，而陀螺则能测出炮弹在飞行中的偏移量，然后由传感器将偏移量转换成相应的指令，再输送给弹上舵机以修正弹道，使弹丸回到正确位置上，最后将炮弹准确地导引到目标上。

一般在战场前沿阵地上设置有目标照射器，或由遥控无人驾驶飞机在空中照射目标。当制导炮弹由榴弹炮发射以后快接近目标时，即在炮弹飞行末段，由目标照射器发出的激光束照射在目标上，经目标反射，又被炮弹上的导引头捕获。这样，制导炮弹就会沿着激光束的路径飞行，直向目标冲去，准确地将目标击毁。

12. 超远程炮

1993 年，美国劳伦斯·利弗莫尔研究所打算用身管长达 47.2 米的大炮试射 5 千克重的炮弹，以验证超高速轻气炮将有效载荷送到高空的可行性。预计炮弹的飞行速度可达每秒 4 千米。如果试验成功，这家研究所将建造一门更大型的火炮，并从范登堡空军基地向太平洋上空发射能达到 434000 米高空的炮弹。继而，还将研制一种全尺寸的火炮，以便把有效载荷送上月球轨道……

美国利弗莫尔研究所还将研制体形巨大的 L 型轻气炮。这是一种利用氢气、氮气作为推动炮弹能源的发射装置。而不是固体发射药。美国曾长期进行过这方面的研究，并取得了一定的成果。例如，1991 年 6 月美国亚拉巴马大学曾向太空成功地发射重 312 克的塑料弹丸，其飞行速度达 4.58 千米/秒。

不过，近期的目标只是用探空轻气炮向月球或月球轨道发射炮弹

（有效载荷）。相信这一天也不会太远，随着科学技术的发展，探空轻气炮的用途也将更加广泛。

13. 微声迫击炮

近年来，比利时研制成一种 *NR8113A1* 式毫米微声迫击炮。这种炮在射击时，声音很微弱，而且炮口无烟、无火光，因而不会暴露阵地。比原来那种"炮声隆隆"的大炮性能优越了许多。它既可用来发射杀伤榴弹，又可发射照明弹和发烟弹等，其射程最大为 *700* 米。

这种微声炮使响声减弱是通过炮弹上的特殊装置实现的，而不是依靠像装在微声枪管上的消声器来实现。这种迫击炮弹的后半部分是空的，里面装别一个合金制的圆筒。在圆筒的上口用一内装发射药的塞子密封，而下端敞口。在炮管的底部固定着上端装有击针的长杆。

发射时，炮弹从炮口滑至炮管底部时，长杆就伸入合金圆筒中，其上的击针撞击塞子内的发射药，发射药立即发生燃烧，所产生的气体将塞子压向弹底，而长杆又顶住塞子不让它下移，于是迫使炮弹从炮口冲出。当长杆顶部从炮弹后半部的圆筒中退出时，塞子就顺热下滑到圆筒末端的凸缘被卡住，从而，发射时产生冲击波噪声的气体、烟雾、火焰便全部被封闭在炮弹尾部的合金圆筒内，从而有效地起到了消声、消烟和消焰的作用。

14. 水炮

现代人发明了一种新型的火炮，它有别于传统的以固体火药为发射药，它的发射药是用液体做的。

1990 年，美国通用电气公司对 *155* 毫米自行榴弹水炮进行了射击试验。令人意想不到的是，这种水炮竟比普通的固体发射药火炮优越

许多：它既不产生烟雾和炮口焰，隐蔽性很好，又能把弹丸初速提高10%，增强火炮的威力。更突出的是它的射击精度很高，所发射的6发炮弹中，在6~49千米的射程范围内竟能同时击中一个目标。

水炮的结构和技术方面，都比电磁炮更简单，因而可作为由传统火炮发展到电热火炮的过渡性换代装备。

水炮和一般火炮在结构上的主要区别是，一般火炮的固体发射药筒已被燃烧室代替。

在水炮中，将液体发射药注入燃烧室，一般有两种方式，一种是在点火前，把液体发射药用泵一次泵入燃烧室，称做"整体供给系统"；另一种方式是，在发射过程中将所需液体发射药逐渐喷入燃烧室，使发射药得到充分燃烧，这个系统称为"喷射供给系统"。

15. 电热炮

用电极放电产生高温、高压气体，将弹丸以很高的速度推出炮管的叫做"电热炮"，它与电磁炮是火炮王国里的孪生姐妹。

试验表明，电热炮能大大提高火炮初速，一般可达到2000米/秒以上。而通常所用的以固体发射药为能源的火炮，初速一般为1000米/秒左右。初速最高的坦克炮，也仅为1600~1700米/秒。

电热炮是利用外部电源为弹丸飞出炮口提供全部或部分能量，它主要由外部电源和加速两大部分组成。在它的炮闩中引入了高压电极和内含燃料的毛细管。在这种炮的燃烧室内装的是用来产生高压气体的含氢化合物或其混合物。

当电热炮发射弹丸时，外部电源提供的电能经导线输入连接毛细管的电极，电极在强电流作用下放电，激发毛细管中燃料的燃烧，从而产生高达几万摄氏度的高温等离子体。在高压作用下，高温等离子体迅速由喷口射入含有氢化合物的燃烧室，将输入的电能转化为热能。

在燃烧室中，等离子体与含氢化合物发生作用，产生大量的气体，使压力突然间升高，从而沿身管将弹丸加速推出炮口。

16. 机器人坦克

机器人坦克有遥控式机器人坦克和智能机器人坦克两种。前者是由远处的操纵人员通过电缆、电波或光纤通信等进行控制的无人驾驶坦克。这种坦克上除装备有遥控设备外，还配备有电视摄像机，其作用是监视机器人坦克的行驶路线和方向是否正确；后者则不需要人操纵，能够依靠自身的人工智能装置自动完成规定好的动作和任务，这也是未来坦克发展的趋向之一。

20世纪80年代以来，一些国家如美国、英国等开始研制智能型的机器人坦克。这种坦克上配装有高速电子计算机系统和各种先进而又可靠的传感器等，通过事先储存的和新采集的信息，能自主地选择最佳的行驶路线，以到达目的地。

这种智能型机器人坦克有以下几个优点，一是它用机器人代替坦克乘员，减少坦克乘员紧张的战斗操作和繁重的体力消耗；二是坦克上的机器人能自动识别敌我和目标，并能自行行驶和自动克服或绕过障碍物追击敌人；三是机器人能自动发现目标、跟踪目标，并能准确地射击目标，提高了作战效果；四是在未来的战场上，机器人坦克将大显身手，它可能冒着枪林弹雨去爆破和排雷，从而减少人员的伤亡；五是机器人坦克适合在核战、化学战和生物战条件下使用，它不怕污染和中毒，从而能继续进行战斗。

17. 无形坦克

坦克的面貌随着电子计算机的迅速发展而不断改变。

到 21 世纪初，大面积的彩色显示板将代替坦克的小窗口，使坦克乘员的视野大大地开阔了。如果要察看坦克周围的情况，显示板会变成像玻璃一样的透明体，供人眼直接观察；若要了解远方和其他方面的敌我情况，坦克内安装的电子计算机将从诸如全球定位系统卫星接收器（能使车组人员测算出自己的车辆确切位置）、指挥与控制中心（其任务之一是追踪敌军和敌战车的位置）、红外传感器和其他传感器（能监视到周围敌人装备所排放出来的热气和化学物质）、坦克车相互之间的通信联系数据库和计算机本身的数据库等多种途径获得信息，并显示在显示板上。

有了上述信息然后再加以综合，车组人员就能迅速及时地获知任何方向所发生的情况，从而避免放慢行车速度出车观察的麻烦。

美国陆军计划将未来的王牌坦克——M1A2 坦克的行驶速度提高到接近汽车在高速公路上行驶速度，以便出其不意地击毁目标。

随着软件和通信设备的完善，信息个人化将成为可能，也就是根据每个乘员的不同需要，随时可获得所需要的信息。具体来说，坦克乘员只要将一张大小如信用卡一样的智能卡在阅读器上划过，坦克上的计算机就会提供所需要的信息，在显示屏上显示出来。

18. 巡航导弹

"战斧"式巡航导弹身长仅 2.9 米，重量只是同射程弹道导弹的 1/10，但却能用来射击 2000 千米远的目标。它的外形像架飞机，并采用和飞机一样的空气喷气发动机。燃烧所需要的氧取自大气，从而有利于减小它的体积和重量。

巡航导弹体积和重量的减小，使它的作战性能得到很大提高。一方面有效地减少了导弹对敌方雷达波的反射面，使它不易被敌方发现。另一方面，体积小、重量轻也为发射、运输、储存和维修等带来很多方便。导弹的弹翼和尾翼都可折叠起来，发射后再伸开。

这种巡航导弹可以在 *15* 米以下的低空飞行，是低空实防的优良武器。它可以从空中、舰艇上、水下（潜艇上）和陆上进行发射，命中率高。在导弹的表面上涂敷有能吸收雷达波的涂层，隐身性能很好。在这种导弹上还装有自动搜寻目标装置、敌我识别装置、电脑制导与储存系统以及地形识别系统，能按照预先确定的弹道（即飞行路线）不断修正飞行中的导弹方向，引导导弹准确地击中目标。

19. 敏感弹

敏感弹是一种能击穿较薄装甲的"自锻成型弹丸"。它可以说是导弹与炮弹杂交的"优生儿"，既有导弹锐利的"眼睛"和机敏的"大脑"，能够"观察"和"思考"，自动探测、识别和跟踪目标，又具有炮弹使用方便、造价便宜、"打了就不用管"的优点，这也是人们称它为"敏感弹"的原因。

目前敏感弹有兄弟两个，哥哥是目标激活弹"斯塔夫"，弟弟是遥感反装甲弹"萨达姆"。它们的"眼睛"，就是装在弹上的毫米波敏感器。这种眼睛十分敏锐，能接收各种景物辐射或反射的毫米波，并根据目标和背景所辐射或反射的毫米波差异来识别目标，如同人的眼睛一样。当坦克在地面上通行时，由于各种物体的辐射性能不同，低空飞行的敏感弹从不同的"热"背景中，很容易找到坦克、装甲车等一类"冷"金属目标。"萨达姆"弹的敏感器，甚至能将坦克和吉普车区别开来，而且其弹丸能自动地去攻击坦克。

敏感弹的药型罩呈球面形或碟形。当爆炸时，金属药型罩被压塌、翻转并拉伸成类似于羽毛球形的实心弹丸，以每秒 *2500* 米左右的高速飞向目标，可击穿坦克的顶装甲。

20. 云爆弹

"云爆弹"也叫做"燃料空气炸药炸弹"。它是一种易燃、易爆而且沸点又很低的环氧乙烷液体。这种液体很容易挥发到空中，与空气形成一种遇火就发生爆炸的云雾，实际上是一种液体炸药。

这种能爆炸的云雾，比重比空气大，所以，能像水一样向低处流动。用它来破坏地下工事、导弹发射井、坑道、山洞等敌方的军事设施是最合适的。

云爆弹爆炸时，能产生像台风一样猛烈的冲击波，比普通炸药产生的冲击波大很多，而且作用的时间长，因此它破坏建筑物的力量就很大，像掀起一股巨大的气浪一样，因此又有人把云爆弹叫做"气浪炸弹"。

由于云爆弹是利用空气中的氧作氧化剂进行爆炸和燃烧的，因此它爆炸后，在爆炸点周围地区，将会发生长达三四分钟暂时性的缺氧现象。这样，受到袭击的人由于呼吸不到空气中的氧气，感到憋气难受，往往会抓破喉咙挣扎，最后窒息而死。因此还有人把云爆弹叫做"窒息弹"。

更神奇的是，云爆弹在现代战争中还能用来拦截敌方的洲际弹道导弹。因为用它可在敌方导弹经过的路途上设置一道道巨大的云雾屏障，将敌方导弹摧毁于空中。

21. 空雷

空雷是一种用来对付直升机的新型武器。它由雷体、近炸引信（控制爆炸的装置）、气球、压缩气罐、系雷钢丝绳等组成。目前世界上很多国家都在研究这种武器。

使用时，打开雷体顶盖，使引信处于待发状态，同时利用装在雷上的压缩气罐给气球充氦气。充气后，气球通过系雷钢丝绳将雷带到空中，在那里"站岗放哨"。一旦敌机在气球、系雷钢丝绳附近经过时，飞机的响声或它产生的磁场等都可能使近炸引信发生作用，从而引爆空雷。

空雷雷体顶盖的打开、引信保险的解除和给气球充气等任务，既可人工操作，也可通过有线或无线电遥控来完成。空雷一碰或一接近就炸，使它成为"空中霸王"。

与地雷的布设方法相似，空雷可由单兵、车载布雷器或飞机来布放，也可用火炮来发射，以布成一个空中雷场。空雷的布放高度一般在树梢上方 100 米或再高一些的范围内，以对付敌方的直升机或低空飞机。

为了伪装，通常将空雷和气球涂成蓝色，与蓝天颜色相近；或者将它隐蔽在云雾之中，使敌机不易发现；最好是采用"埋伏战术"，即将释放空雷的时间推迟到敌机靠近雷场之前，这样敌机就难以躲避。

现代的空雷，都是防攻两用的，而且随着科学的不断发展，它的功能将会更多。

22. 电子武器

美、俄、西欧各国都十分重视电子战武器装备的发展，特别是美国装备品种繁多、数量第一、性能优良。

美国陆军电子战装备可靠性高，机动性好，使用汽车、直升机和固定翼飞机作为平台，侦察干扰系统能满足空地一体作战的需要。空军电子战装备的投资占三军电子战投资的一半左右。其机载电子战装备的技术水平，也是世界最先进的。海军电子战装备的发展与更新，要比空军电子战装备慢一些，但近几年来海军加强了这方面的工作。

目前海军所有舰艇除配备先进的雷达以外，还根据舰艇大小和用途，配备了电子侦察、电子干扰和无源干扰物投放系统。此外，海军舰艇和飞机装备了通信对抗装备。

23. 军用航天器

人造卫星有民用和军用的分别。90 年代初的统计，全世界 30 多年里，已经发射成功的航天器有 3824 个，其中美苏的军用卫星有 2566 个。当然卫星都有寿命，最长的几年，最短的只存在几天。所以同时在天空中的卫星不会有几百个几千个。许多民用卫星和科学卫星，也为一定的军事目的服务。

比如气象卫星、通信卫星，民用和军用是很难划分清楚的。因为研究气候、沟通民间联络用得到它，军事上也一样用得着它。和平利用宇宙空间同利用宇宙空间为打仗之用，其间不像白和黑的区别那样一清二楚。所以如果把这类卫星加上，世界发射的航天器中，大约3/4 是用于军事目的的。

各卫星的结构、控制温度、姿态、程序、天线和发射手段大致一样，不同的是卫星的专用系统。卫星的任务不同，设计和装备也就不同。

24. 核武器

所谓核武器，又称原子核武器，它是一种利用自持进行的核裂变或聚变反应，在瞬时内释放出巨大的能量引起爆炸，对攻击目标产生大规模杀伤作用的武器。原子弹为第一代核武器；氢弹以及中子弹和冲击波弹为第二代核武器；现在正在研制第三代核武器。

25. 原子弹

也称"裂变弹",是利用"铀"等重原子核裂变反应瞬时释放巨大能量的核武器。

原子弹的威力通常为几百至几万吨级 TNT 当量,有巨大的杀伤破坏力,由于它由不同的运载工具携载,故称为核导弹、核航弹、核地雷、核炮弹等。

原子弹的设计原理,是使处于次临界状态的裂变装料瞬间达到超临界状态,并适时提供若干中子触发链式裂变反应。超临界状态可以通过两种方法来达到:一是"枪法",又称"压拢型",即把 $2\sim3$ 块处于次临界状态的裂变装料,在炸药爆炸产生的高压力推动下迅速合拢成为超临界状态;二是"内爆法",又称"压紧型",即用炸药爆炸产生的内聚冲击波和高压力,压缩处于次临界状态的裂变装料,压缩后的装料密度提高,处于超临界状态。

两种方法相比,内爆法可少用裂变装料,因而被广泛采用。原子弹主要由引爆系统。炸药层、反射层、核装料和中子源等部件组成。引爆系统用来起爆炸药;炸药是推动压缩反射层和核装料的能源;反射层由铍或铀构成,用来减少中子的漏失;核装料主要是铀 -235 "和钚 -239";中子源是提供触发链式反应所需的"点火"中子。

26. 氢弹

也称"聚变弹"或"热核弹",是利用氢的同位素氘、氚等氢原子核的聚变反应,瞬间释放出巨大能量造成大规模杀伤破坏效果的核武器。

氢弹的杀伤破坏因素与原子弹相同,但威力比原子弹大得多。原子弹的威力通常为几百或几万吨 TNT 当量，氢弹的威力则可大至几千万吨，还可通过设计增强或减弱其某些杀伤破坏因素，其战术技术性能比原子弹更好。氢弹由起爆原子弹、热核装料和外壳等主要部件组成。一般多以"铀"作外壳。聚变反应产生大量的高能中子能引起"铀"核裂变反应，释放出大量能量，这样可以大大提高当量并降低费用。

27. 中子弹

也称"增强辐射武器"，是以高能中子辐射为主要杀伤因素的低当量小型氢弹。主要特点是加强了中子辐射而削弱了冲击波、光辐射和放射性沾染等效应。一枚 *1000* 吨当量级的中子弹，其瞬时辐射对坦克乘员的杀伤半径可达 *800* 米，相当于一枚 *1* 万吨的裂变弹，但其产生的冲击波对建筑物的破坏作用半径只有 *300 ~ 400* 米。

如果适当增加爆高，在核辐射的杀伤半径基本不变的情况下，对建筑物的破坏半径还可显著减小。但当武器的当量增大时，核辐射杀伤半径随当量的增大比冲击波。热辐射的破坏半径随当量的增大要慢得多。

28. 冲击波弹

所谓冲击波弹是一种以冲击波效应为主要杀伤破坏因素的特殊氢弹，又称减少剩余放射性弹。它对地面建筑或坚固工事有很强的摧毁作用，是一种理想的战场使用核武器。

29. 化学武器

化学武器是以化学战剂杀伤、疲惫敌有生力量、迟滞敌军事行动的各种武器、器材的总称。作为一种大规模杀伤破坏武器，它包括装有毒剂的化学炮弹、航弹、火箭弹、导弹和化学地雷、飞机布洒器、毒烟施放器材，以及装有毒剂前体的二元化学炮弹、航弹等。化学武器在陆海空军及导弹部队中均有装备。使用时，将毒剂分散成蒸气、液滴、气溶胶或粉末等状态，使空气、地面、水源和物体染毒，造成人员伤亡，迟滞敌方军事行动。

化学武器与常规武器比较，有以下特点：一是杀伤途径多。毒剂可经呼吸道、皮肤、食物、水等途径使人员中毒；二是持续时间长。化学武器的杀伤作用可延续几分钟、几小时；有时达几天、几十天；三是杀伤范围广。化学炮弹比普通炮弹的杀伤面积一般要大几倍至几十倍。染毒空气能随风扩散，渗入不密闭、无滤毒设施的装甲车辆、工事、建筑物等；四是受气象、地形条件的影响较大。如大风、大雨、大雪和近地层空气的对流，都会严重削弱毒剂的伤害作用，甚至限制某些化学武器的使用。

30. 生物武器

生物武器是一种特殊的大规模杀伤性武器，它由生物战剂及其施放装置组成。战争中，用来杀伤人畜、毁坏农作物的致病微生物和细菌毒素叫做生物战剂；装有生物战剂的各种炸弹、导弹弹头以及布洒器等是现代意义上的生物武器。

生物武器的种类很多，至少有 160 种。

31. 激光武器

激光束是一束平行的光。若将一束激光射到相距 1 千米远处，其光斑直径只有 10 厘米左右。利用激光的这个特性来对武器进行制导，称为激光制导。

激光的亮度，比太阳表面的亮度要高出 400 亿倍以上。把这种高亮度的光投射到物体上，物体受照射部分的温度可上升到 10000℃ 以上。无论是金属还是非金属，在这种特高温度下都会迅速熔化和气化。

32. 低能激光武器

它又叫激光轻武器或单兵激光武器。其特点是激光能量较低，是属于小型激光武器。它主要用于对付单个的敌人，可使对方眼睛失明、丧失战斗力直至死亡；同时也可使对方的激光测距仪及各种夜视仪的光敏元件受损或失灵。目前的低能激光武器主要包括激光枪、激光手枪、激光致盲武器等。

激光枪能在近距离内使人致死或致伤，射穿钢盔，使某些武器装备遭到损坏；在相距 1500 米处能致瞎人眼，烧焦皮肉，烧着衣服、房屋、树木、花草等，并能使炸药在顷刻之间受剧热而起火爆炸……

33. 高能激光武器

高能激光武器又叫激光炮，简称光炮。它的功率输出达到几百至几千千瓦，因此不能使用一般的小功率激光器，而必须使用功率强大的高能激光器。

在高能激光武器系统中，必须通过反射镜把激光束聚集起来，形成一根很细的光柱，并借助于精密的激光束瞄准系统来对目标进行跟踪。

激光的能量集中，其亮度比太阳光高出一百亿倍以上。如果将激光聚集到炭块上，就会在半秒钟内将炭块加热到 9000℃ 以上。若把激光聚集到钢片上，立即会发出耀眼的白光，转眼间钢片就被烧穿一个洞。不仅如此，激光还具有很强的方向性和很高的能量密度（通常可达 10 焦耳/厘米² 以上），因而可将激光的巨大能量集中成细小的光束，用来准确快速地击毁目标。

激光炮击毁目标主要是借助于很强的烧蚀性能、辐射和强激波来起破坏作用，并使目标上的仪器失灵和操作装置失效，这是它与一般炮火的明显区别。

激光炮的突出特点，一是在射击飞机、导弹、坦克等活动目标时，不必考虑活动的快慢，指哪打哪，百发百中；二是激光炮发射没有一般火炮那样大的后坐力，也不会发生令射手生畏的膛炸和早炸；三是能及时变换方向去捕捉目标。

34. 激光炮的用途

1. 打飞机；

2. 反导弹；

3. 反卫星；

4. 反坦克。

此外还可以用激光炮在敌方的森林、山区及城市中进行大面积纵火。因此激光炮也是一种新型的纵火武器。

35. 粒子束武器

这里所说的"粒子"，是指那些非常微小的物质颗粒，即"微观粒子"。物理学上把直径小于 $10^{-7} \sim 10^{-6}$ 厘米的微小物质颗粒叫做微观粒子，通常包括分子、原子以及被称为"基本粒子"的电子、质子、中子、离子等。

能够给微观粒子不断加速的装置叫做"粒子加速器"。它能将微观粒子加速到接近于光速，同时将许多粒子聚集成一个非常细小的射束，然后再发射出去，即可毁伤目标。

粒子源，粒子加速器，目标的探测、捕获和识别系统，目标的精密跟踪系统，粒子束的瞄准和跟踪系统，指挥、控制和通信系统。其中，粒子加速器是粒子束武器系统的核心，它包括粒子注入器、加速器、能源、贮能及能量转换设备等。

由于带电粒子在电场中都会受到电场力的作用，不断地受到此电场力的推动，从而使带电粒子不断加速，最后达到或接近于光速；然后再通过聚焦磁场把高速带电粒子聚焦成细而密的束流，射向目标。

36. 微波武器

普通无线电波、微波、红外线、可见光、紫外线、X 射线、γ 射线等，从本质上说，它们都属于微波。在物理学上用波长和频率来表现电磁波的性质。

在电磁波中，已有好几种被用来作为武器，比如 X 射线激光器、γ 射线激光器等。现在人们正在研究如何利用微波来制造武器，这就是微波武器。

微波是指波长在分米、厘米、毫米范围内的无线电波，其频率为 3~300 千兆赫。在这个频率范围内的无线电波可以用天线辐射出去，所以把这一频段叫做"射频"。微波的波长接近于光波，它具有同光波相近的性质。又因微波的传播是直线前进的，所以它是属于直线波。

微波武器的装置，用超高频微波发射机和高增益定向天线，来发射高强度的、汇聚的微波射束，以杀伤敌人和破坏敌人的武器装备。

研究和试验表明，强微波对人体和电子元器件具有杀伤和破坏效应，而对一般的武器装备则无明显作用。

37. 微波弹

微波弹的研究以美国海军为主，目前主要集中在常规炸药激励的微波弹，对核激励的微波弹也作了效应分析。1991 年海湾战争中，美国海军首次使用了试验性的高功率微波弹，从战争开始的第一天起，就从潜艇和驱逐舰上发射了带有这种弹头的海军"战斧"巡航导弹，干扰和毁坏伊拉克防空系统和指挥控制中心的电子系统。

38. 高功率微波武器

该类高功率微波武器的研制以美国空军为主，旨在对用于飞机自卫、压制敌防空、指挥控制战、夺取空中优势、空间控制等方面的宽带和窄带高功率微波源进行进一步的研究与鉴定，实现利用微波能量烧毁敌防空系统中的敏感电子元件。

这种武器能在敌防区外发射，利用有限的目标信息实现攻击效果。它可以对敌方的射频威胁系统造成永久性电子损伤，具有发射后不用管的能力，单次发射能杀伤大量目标，有一定的覆盖范围，对发射精度要求不高，天线产生的旁瓣对己方的附带损伤很小。

39. 高功率微波炸弹

高功率微波炸弹是俄罗斯发展的一种高功率微波武器。

这种炸弹可以放在公文包中，使用时能释放 10 吉瓦的高功率脉冲，相当于 10 个标准核电机组的功率，可用于攻击战斗机、核电站等目标的计算机系统，而且不发出任何声音。单枚炸弹的市场价不到 10 万美元。俄罗斯已将这种高功率微波炸弹出口到瑞典和澳大利亚。

40. 动能武器

所谓动能武器，正是依靠高速运动所形成的巨大动能来直接击目标，将目标摧毁，而不是像某些常规武器那样，通过弹头本身的爆炸来摧毁目标。目前一些军事强国正在加紧研制的动能武器，主要包括电磁炮、非核动能拦截弹和群射火箭等。

41. 电磁炮

电磁炮是这样一种装置：利用强大的电磁力来加速弹丸，使弹丸高速射向目标并将其摧毁。

电磁炮的发射原理同普通电动机的工作原理是一样的。我们都知道电动机由定子和转子两大部分组成。通电后，电流通过定子上的线圈而产生电磁力，而转子就在电磁力的推动下高速运转起来。

由于电磁推力大，所以电磁炮的炮弹能够达到很高的速度。美国的两个电磁炮实验室已经将 3 克重的弹丸加速到每秒 11 千米，另外还将 300 克重的弹丸加速到每秒 4 千米。我们知道，一般火炮的射出速度只有每秒 0.8 千米左右，步枪子弹的射出速度也只有每秒 1 千米左右。

由于电磁力很均匀，故电磁炮的弹丸在飞行中比较稳定；又由于在发射时不出火焰和烟雾，也不产生冲击波，所以电磁炮的隐蔽性好；电磁炮可以根据目标的特征快速调节电磁力的大小；另外，电磁炮也比较经济。常规火炮的发射药每产生 1 兆焦耳能量大约需耗资 10 美元，而用电磁炮只需 0.1 美元。

42. 反卫星动能拦截弹

这是一种靠弹头的动能来击毁敌方卫星的机载空对空导弹。美国在80年代用一枚这样的导弹成功地击毁了一颗废旧卫星。这枚导弹全长5.4米，弹径0.5米，重1.2吨，装在F-15战斗机上。

这种导弹的工作过程是这样的：导弹脱离飞机之后，靠弹上的惯性制导系统进行制导，直到飞抵预定空间点；此后弹上的红外传感器开始自动跟踪目标；当拦截弹达到最大飞行速度时，其战斗部与二级火箭自动脱离；此后弹头便依靠小型计算机进行控制，并通过弹上小型火箭的点火与熄火来对弹道进行修正；最后，弹头前部的小型撞击杀伤器以每秒13.7千米的高速与目标相撞并将其摧毁。

43. 反导弹动能拦截弹

这是一种利用弹头的动能摧毁来袭导弹弹头的"反导弹导弹"。这种导弹也和上述反卫星动能拦截弹一样，是采用现有的导弹技术。这种导弹的弹头最后以每秒9千米的高速与目标相撞并将其摧毁。

44. 群射火箭

这是一种子弹式旋转稳定的无控火箭，主要用来对付来袭的洲际弹道导弹的弹头，特别是用来对付多弹头导弹的。

群射火箭的具体工作过程是这样的：在来袭弹头再入大气层后，群射火箭发射，形成一个多层次的密集火箭雨阵，使火箭与来袭弹头相撞并将其摧毁。

可用这种群射火箭来保护导弹的地下发射井，每个发射井约需配备 5000～10000 枚火箭，其拦截概率可达 85% 以上。

群射火箭是美国"战略防御计划"中最后一道反导弹屏障的主要武器系统。

45. 超导海军舰艇

超导军舰是怎样航行的呢？如果在舰艇上安装电磁铁，在海水中便会产生磁力线，同时产生方向与磁力线相垂直的电流。在磁场与电流的相互作用下，推动海水向后运动。由于海水的反作用力，使舰艇获得一种向前的推动力。

超导舰艇由于取消了传统的螺旋桨推进部件，因而具有结构简单、维修方便、推力大、航速高、无震动、无噪声、无污染、造价低等诸多优点。在潜艇上应用超导推进系统以后，能有效地消除噪声影响，降低红外辐射，更不易被敌方发现，从而大大地提高了自我生存能力和快速机动的突防能力。

46. 超导激光武器

激光武器耗能大，它要求在瞬间提供数十亿到数百亿焦耳的能量。而且目前的贮能装置所贮存的能量都非常有限，很难满足这一要求。

超导技术的发展，为激光武器提供了新的能源。采用由超导材料做成的超导闭合线圈就是一种理想的贮能装置。因为在超导线圈中的电流是一种持久的电流，只要将线圈保持超导状态，则它所贮存的电磁能便会毫无损耗地长期保存下去，并可随时把强大的能量提供给激光武器。激光武器一旦有了超导贮能器，就如虎添翼，好比是有了一个机动灵活而又容量无比的弹药库，可时刻保持高度的备战状态。一旦受到敌方飞机、坦克、导弹等的侵犯，便可随时给予有力的回击。

47. 超导发射装置

利用超导技术来发射航天飞机，这是专家们多年来的梦想，但因受技术条件的限制而难以成为现实。近年来国际上超导材料研究中的突破性进展，为实现这一梦想创造了技术条件。

计划中用来发射航天飞机的超导磁悬浮发射装置，由一条长 3500 米的水平导轨与一条 2000 米高的垂直导轨相连接，形成一个接近于 90°的弧形陡坡。导轨采用新型常温超导材料。发射时，庞大的航天飞机在磁悬浮力的作用下，沿水平导轨前进并逐渐加速，当到达终端的弧形轨道后，便随弧形轨道而改变前进方向，并以每小时 500 ~ 600 千米的速度飞离发射装置。与此同时，航天飞机的发动机点火并开始工作，靠它自身的动力直刺苍穹。

采用超导磁悬浮发射装置，可以取代用火箭发射航天飞机的传统做法。这样可以减轻航天飞机自身的重量，增加有效载荷，并且推力大、耗能少、起飞速度快、安全可靠，可以多次重复使用，能节约大量经费。

专家们认为，还可用超导材料制成超导电磁炮、超导火箭发射架、超导磁力仪、超导陀螺仪、超导雷达天线、超导接收机和超导卫星等等。可见超导材料的发展前景是极其诱人的。

48. 基因武器

基因武器是利用基因工程技术制造的一种生物武器。它把某种微生物中致病力很强的基因，移植到容易培养繁殖的微生物中，以便获得致病力更强的微生物——战剂微生物；或者把某种微生物的"抗药基因"转移到战剂微生物中，使其产生抗药性，从而使现有的药物不能杀死它们。因此，利用基因工程有可能制造出"不可制服"的致病微生物，从而给人类带来灾难性的后果！

目前，美国和俄罗斯等国，都在秘密地研究基因武器。美国把大肠杆菌中的抗四环素基因和金黄色葡萄球菌中的抗青霉素基因拼接后，再放入大肠杆菌中，培养出了既抗四环素又抗青霉素的一种新型大肠杆菌——战剂大肠杆菌。俄罗斯也在研究把具有剧毒的蝎子毒素基因和流感病毒基因拼接，再拼合到病毒中，企图制造出具有蝎子毒素的新流感病毒；人们一旦受到这种"人造病毒"的感染，不仅会出现流感症状，还会出现蝎子中毒症状，从而导致患者瘫痪或死亡！

我们知道，特定的"种族"具有特定的 DNA 序列，是其他"种族"所不具有的。因此，有些国家还企图利用基因工程方法制造"种族基因武器"，即战剂微生物专门感染具有某特定 DNA 序列的"种族"，而对使用者一方的"种族"却没有感染能力。

49. 军用机器人

机器人，顾名思义，就是用机器制造的人，军用机器人就是用于军事目的的机器人。

早在二战期间，德国陆军就曾研制了大约 5000 辆无人驾驶的坦克。他们通过电线或通过无线电传送信号来控制坦克行驶，用它所携带的炸药去摧毁对方的防御工事。这便是现代军用机器人的雏形。

到了 1985 年，美国海军部队开始利用机器人在海底开展清洗和打捞沉船的业务。这种军用机器人装有技术先进的信号传感系统，能够进行水下侦察、排除水雷和担任各种用人力难以胜任的危险工作。

50. 多用途机器人

目前，一些军事强国都在加紧研制各种各样的多用途军用机器人。

比如，能够在前线抢修军车，运送粮草、弹药和燃料等战斗物资的军用机器人；能够架桥、筑路、布设地雷和施放烟雾的军用机器人；能够充当"步兵侦察班"来收集对方军事情报的军用机器人，等等。

51. 机器人扫雷车

近几年来国外还出现了一种机器人扫雷车。其外形像坦克，但车顶没有炮塔；车上没有两个专用来装炸药的大箱子，车前安有扫雷棍。在扫雷的时候，第一步是首先向前方发射炸药，将地雷引爆；第二步是再用扫雷棍来清除那此尚未引爆的漏网的地雷。

52. 航空机器人

英国制造的 1 台巨型机器人，有 3 个很大的"吸盘"，能够把停放在航空母舰上的"鹞"式飞机"吸"起来，使飞机对准航向，然后通过它那能够转动的巨臂将飞机高高地举起来，使飞机腾空而飞。当飞机返回时，机器人早已伸出巨臂在等候飞回的飞机，并能熟练地把飞机"抓住"，然后轻轻地放到航母的甲板上。

第九章

材料科技馆的发展介绍

人类文明的足迹，实际上就是一部活生生的材料发展史。早期人类的生活基本上是依赖大自然的恩赐，后来发明了制陶术，认识了矿石，学会了冶炼金属，出现了青铜器和铁器……人类的生活才逐步有了改善。历史上的石器时代、青铜器时代和铁器时代，就是以材料作为划分时代的依据和人类文明进步的标志。

社会发展到了科学技术高度发达的今天，新材料已成为发展高新技术、实现物质文明和精神文明的物质基础。现在人们已可坐在家里，通过"信息高速公路"了解世界的风云，"游览"各国的博物馆、图书馆，共享全球范围的信息资源。然而，如果没有由玻璃拉制成像头发丝那样细的光纤材料，建造"信息高速公路"就成为一句空话；没有耐烧性的高温、高强度结构材料，人类就难于登上月球，航天飞机也不可能往返于地球与太空之间；没有电子材料的工业化生产，就不可能有当前的电子计算机技术和微电子技术……任何先进技术都离不开材料、设计和制造。也就是说，材料对时代文明和技术进步起着决定性的作用。

1. 超导现象

当某些金属导体置于接近绝对零度（$-273.16℃$）的超低温环境中时，其电阻会消失为零。科学家把这种现象叫做"超导"现象，而具有超导性质的物质称为"超导体"或"超导材料"。目前已发现的超导体有汞、铅、钽、铌、锌等30多种纯金属和上万种合金及化合物。它们在用"无电阻"的魔力创造出一个个惊人的奇迹。

利用零电阻的超导体制成的"超导发电机"，其发电效率可高达98%（一般发电机发出的电约有10%被自身消耗了）。

用超导体制成的"超导储能器"，能把电力网多余的电储存起来，需用时再放出来，其充电和放电效率可高达95%左右，是其他储能装置无可比拟的。

以超导体制成的"冷子管"，灵敏度非常高，可用来测量遥远星体射来的微弱的光、然而它消耗的电能却少得出奇，100万个冷子管仅耗电半瓦。

2. 超导发电机

1973年，美国就试制成功世界第一台5000千瓦的超导发电机，其重量只有普通发电机的1/10，而成本仅是后者的一半左右。到了80年代，美国已制成功率达30万千瓦的超导发电机。普通发电机的发电能力超过100万千瓦就很难提高了，而超导发电机在100万千瓦的基础上再扩大20倍也是完全可行的。

3. 超导储能器

超导储能器主要由巨型超导电缆回路组成。在夜间用电低谷时期，可将过剩的电能储入超导储能器中；白天用电高峰时，再将电能馈入电网。美国已设计了500万度的大规模超导储能装置，采用铌钛超导合金回路，液氦冷却。它的环形回路直径达1500米，埋在地下。这种超导储能器的能量损耗很少，因而其充电和放电效率达90%～95%。这是其他类型储能装置所达不到的。

超导储能器是以电能和电磁能的直接转换来储能和放能的，因而其效率非常高。用超导磁体制作的超导线圈，能使电流在其闭合回路中无损耗地持续流动不息，储存的能量可持久地保存下去；而一旦需要，又能随时释放出来，使用非常方便。

4. 超导列车

超导磁悬浮列车利用设在路面上的超导线圈与列车的超导线圈磁场间的排斥力，使列车在启动前悬浮起，距离轨面几厘米，此后便一直腾空飞驰，完全消除了有轮列车车轮与轨道的摩擦阻力，从而使列车的速度大幅度提高。

目前，世界上最快的普通火车的时速仅 200 多千米，由于车轮与导轨之间的摩擦阻力的影响，速度很难再提高了。而超导列车的时速可达 550 千米，赶上了普通飞机的速度。它的载重量却是客机无法相比的。如果进一步减小超导列车行驶时所受的阻力，甚至可在没有空气阻力的真空隧道里运行，其时速可提高到惊人的 1600 千米，完全可与现代喷气式客机媲美。

5. 超导高速计算机

随着电子计算机向高速化发展，要求电子元件和电路密集排列，但密集排列的电路工作时会发出大量的热，影响计算机的正常工作和使用寿命，这是计算机硬件发展中的一个难题。使人们转忧为喜的是，现在的元件之间的连接电路可以用无电阻、不发热的超导电路取代，从而使所面临的难题迎刃而解。

另一方面，利用超导材料制成的超导器件，可作为电子计算机的逻辑电路或存储器，具有运算速度特别快的特点。

超导器件的另一个特点是，只有电流超过某一临界值时，超导器件才会产生电压降；而在临界电流内，超导器件就是零电阻，无电压。利用这种无电压状态和有电压状态的高速变化，可分别对应于二进制数中的"0"和"1"的逻辑动作,从而可用作电子计算机中理想的超高速开关器件,并由这种超导开关器件和超导存储器等进而组成新型高速计算机,即超导高速计算机。它的运算速度比普通计算机高几十倍。

6. 超导电磁推进船

超导电磁推进船的船体内部装设有超导磁体,在船体外部的海水中形成磁力线。与此同时,由船上的电极向海水通电。这样,海水中的电流与磁力线相交产生排斥力,而将海水压向船体后方,从而产生推进力,将船推动前进。

与普通船相比,电磁推进船的行驶速度快,效率高。由于它没有电动机和螺旋桨之类的转动部分,不仅噪音和振动都很微小,而且不需要采取海水密封装置等。这对于大吨位运输船、深水航行船,特别是海军舰艇来说尤为重要,有着广阔的实用前景。

7. 超导核磁共振仪

超导核磁共振仪是一种新型的医疗诊断器械。用核磁共振仪检查时,将人体放进一个长圆筒形的超导磁场里。在磁场的作用下,人体各部位组织的氢原子核(因为人体内有75%的成分是水,而其余的蛋白质和脂肪也都含有氢原子)就会发生共振信号。不同的组织器官及其病变的磁共振信号是不同的,通过计算机再成像,就可获得人体任意断面的清晰图像。

超导核磁共振仪用于诊断的优点是:它不需要进行组织切片,即可确定是否有病变组织,因而可用于早期诊断肿瘤、脑髓及心血管疾患，并可用于测量血流和监控医疗过程，还能用来了解人体的新陈代谢状况。

8. 镍钛合金

镍钛合金的拉伸强度可达 1000 兆帕。也就是说，每平方毫米那样小的断面上需要 100 多千克的力才能把它拉断，比一般的钢铁强度还高，同时还具有很好的"记忆"性能和耐腐蚀性能。

镍钛诺尔合金中含有 50% 镍和 50% 钛，即镍、钛的成分平分秋色，各占一半。它的形状记忆的温度范围可通过控制成分来调整。通常是，镍钛诺尔合金的含镍量越高，工作温度就越低。当含镍 55% 和含钛 45% 时，记忆合金能在室温下工作。人们已利用记忆合金的这一特点，制成了用记忆合金丝穿成的珍珠项链和手镯，以及采用夹有记忆合金丝编织的乳罩等。这些装饰品和保健品佩带在身上，会在人体的体温作用下恢复原有的弯度和挺度，从而起到装饰和保健作用。另外，还可以用镍钛诺尔合金制成矫齿丝，利用人的口腔温度来矫正畸形齿。

9. 超塑性合金

在新材料家族中，有个性能奇异的合金，它在适当的温度（约相当于其熔点温度的一半）下，原来那种强硬坚韧的特性消失了，变得如面团一样柔软，并能像泡泡糖一样伸长 10 倍、20 倍，甚至 100 倍，人们不用多大力气就能将它加工成型，好像捏面人似的。这种奇特的新材料，就是超塑性合金。

当将超塑性合金加热到超塑性温度后，用较小的力就能伸展几倍甚至几十倍之多，甚至只要使用一般的压缩空气就能使其"吹胀成型"。假若人们带上隔热手套，就能像揉面团那样把它揉捏成不同形状。实际上、有人就曾采用超塑性合金吹制"金属气球"，并进行现场表演。

10. 非晶态合金

如果将不锈钢和一种叫做铁铬磷碳合金同样泡在三氯化铁溶液里进行实验，就会发现不锈钢在一年内被腐蚀达几十毫米，而铁铬磷碳合金却完好无损，安然无恙。这种性能优异的合金，就是脱颖而出的材料新星——非晶态合金。由于它与玻璃的结构相似，人们又给它起了个通俗的名字——金属玻璃。

通常使用的不锈钢等金属材料，它们的原子像晶体一样排列整齐，有一定秩序，所以叫做晶态合金。而金属玻璃是人们用 1 秒钟降低 10 万~100 万摄氏度的急速冷却的办法制成，由于以如此快的速度从液体冷却到固体，以致使金属中的原子来不及重新按固体晶格有次序地排列，而将液体金属原子的任意排列方式保留下来，结果就形成了类似于玻璃一样的无固定形态的合金。

目前，在实际中应用的金属玻璃，大多是薄如纸（厚度 30 微米左右）的带材和丝材，其光泽似不锈钢，但却具有高碳钢的硬度和钢琴丝的强度。它的维氏硬度超过 1000，抗拉强度达 300 千克/平方毫米以上。与此同时，它的耐蚀性超过不锈钢，磁导率优于磁性材料，而且还具有超导性和吸氢性等特殊性能。

1980 年，又出现了能制造金属玻璃丝材的水中旋转纺丝法。这种方法是将熔融合金通过喷嘴喷到依靠离心力而随滚筒高速旋转的冷却水中制成金属玻璃丝的。目前，用这种方法已能生产直径为 0.2 毫米长达数千米的金属玻璃丝。

11. 新型变压器

1980 年 6 月，美国联合公司首先制成了金属玻璃铁芯变压器，与硅钢片铁芯变压器相比，其磁导率高，电阻率大，损耗仅为硅钢片的 1/3，从而可节约大量的电能。

日本的新日本钢铁公司从 1981 年与日本东北大学共同研究开发电力变压器铁芯用金属玻璃材料，已制成新型的变压器铁芯。他们是把配好的铁、硼、硅等原料先在高频电炉中熔化，然后将合金熔体喷射到高速旋转的冷却辊上，一瞬间即可制成厚 30 微米、宽 150 毫米的用来制作铁芯的金属玻璃薄带。

金属玻璃由于具有良好的软磁特性，以及低的铁损耗和低密度等优点，因而也是航空变压器比较理想的铁芯材料。用金属玻璃制成的 800 赫航空变压器，比传统的硅钢片变压器的重量减轻了 11%，体积减小了 19%，空载电流降了 70%，较坡莫合金变压器的重量减轻得更多。

12. 电磁器件

1980 年，日本索尼公司用金属玻璃制成了市场上第一件民用产品——电唱机抬音卡盘。金属玻璃是用在把电唱机的机械振动转换为电信号的磁路上，使电唱机能发出非常优美的音质。随后，日本 TDK 公司用金属玻璃制成录音机磁头，由于金属玻璃所具有的优异磁性，因而显著地改善了音质。磁头要求所用材料的磁导率越高越好，同时还要求高的耐磨性和耐腐蚀性。而金属玻璃不仅能满足这些要求，而且由于无晶界而避免了磁头尖部的脱落损伤。

13. 储氢合金

氢是一种高效能燃料。1千克氢燃烧可放出14万焦耳的热量，是汽油发热量的3倍，而且它燃烧后即成水，不污染环境，可以说是一种取之不尽的清洁能源。另外，氢还是合成氨、炼油、半导体和食品加工工业所不可缺少的原料。

然而，氢容易爆炸，这就给使用、运输和储存带来困难。氢在常温下是气体，大都用钢制的氢气瓶来储存。但氢气瓶存储的氢气有限，所装氢气重量不到氢气瓶重的1%，既笨重，又有爆炸的危险。

20世纪60年代，材料王国里出现了能储存氢的金属和合金。

储氢合金储氢，比氢气瓶的本领大多了。它储氢量大，使用方便，还可免去庞大的钢制容器。用氢时，将储氢合金加热，氢就能及时释放出来，而且还可通过调节加热温度和合金的成分来控制合金释放氢的快慢和数量。

14. 储氢合金压缩机

利用储氢合金放氢时所产生的压力，通过适当的动力转换装置，即可转变成有用的机械能。用储氢合金制作的压缩机，当向装有储氢合金填充层的压缩机内输入低压氢气时，储氢合金便吸氢放热，将氢储存起来，而放出的热量用通入管子的冷水吸收，然后，将热水通入管子，使储氢合金加热，它便吸热并放出高压氢气，可用来作为驱动力。这种压缩机由于没有复杂的机械零件，所以结构简单，制造成本低，而且工作中不产生噪音，也不会发生机械故障。用储氢合金制成的小型驱动器，因为氢气有缓冲作用，所以耐冲击和过负载，而且重量轻，无噪声，能产生相当大的驱动力。美国、日本等国已利用储氢合金制作机器人的驱动装置，既灵敏可靠又轻便。

15. 燃氢汽车

储氢合金的未来最大用户很可能是燃氢汽车。这是因为氢产生的热能大，而且没有污染。例如，一种镁镍储氢合金制成的汽车氢燃料箱自身重 100 千克，而所吸收的氢的热能却相当于 40 千克汽油所散发的热量。美国、日本、德国都在积极研制燃氢汽车，我国也在这方面进行开发研究。1980 年，我国研制成的一辆燃氢汽车样车，用 90 千克重的氢燃料箱，以每小时 50 千米的速度行驶 40 多千米，当时车内乘员 12 人。如果采用同样重的蓄电池，只能行驶 8 千米。日本工业技术院研制的燃氢汽车已正式投入行驶，时速达 100 千米以上，充一次氢气可行驶 200 千米以上。目前，多采用钛系、稀土系和铁钛锰储氢合金制作储氢燃料箱。

16. 无镍铬不锈钢

人们在近年来开发出既无镍又不含铬和钴的一类新型廉价的不锈钢品种，其主要成分是锰、铝，其中含锰 5% ~ 30%，含铝 5% ~ 12%，含碳不高于 1%。

这种以铝、锰为主角的无镍铬不锈钢，其中的铝是用来提高钢材抗腐蚀、抗氧化性的重要元素，而锰则是用来改善钢的物理性能的合金元素。因此，这种新型不锈钢具有良好的耐腐蚀性、耐高温强度和抗高温氧化性。

17. 铁素体不锈钢

有些国家还研制成不含镍的铁素体不锈钢。这类不锈钢的显微组织是由一种在金属学上称为铁素体的结晶所组成，所以将它定名为铁素体不锈钢。

日本住友金属公司开发的含铬不超过 17% 的无镍铁素体不锈钢，其加工性能和表面质量都优于常用的镍铬不锈钢。由于它含铜而大大改善了耐蚀性，适合用于制造像浴缸、汽车内衬板、窗框等要求美观且耐蚀性的制品。

18. 涂漆彩色不锈钢

涂漆彩色不锈钢是在普通的镍铬不锈钢的表面上，涂以耐大气腐蚀的高级有机涂料。这些涂料主要有硅酮聚酯树脂系涂料、硅酮丙烯树脂系涂料和氟化乙烯树脂系涂料。用这些涂料生产的涂漆彩色不锈钢，加工性良好，比不锈钢本身更加美观，而且表面涂漆层附着牢靠，不用担心剥落和生锈，经久耐用。

彩色不锈钢由于有着华丽的外表，因而主要用作建筑物的内外装饰板、屋顶、门窗等，以及用于工艺美术、太阳能吸收体、家用电器和仪器仪表等方面。

19. 形状记忆不锈钢

人们发现，有些不锈钢也具有形状记忆的特殊本领。例如，含铬高于 13% 的高耐蚀性不锈钢和含铬少于 13% 的耐蚀性不锈钢就具有良好的形状记忆性能，被称为形状记忆不锈钢。

这两种形状记忆不锈钢比镍钛和铜系形状记忆合金的价格更便宜，而且容易加工。它们的可加工性能与常用的镍铬不锈钢基本相同，可以利用现有的不锈钢加工设备加工成板、棒、箔、丝、管等各种型材，而且容易制成厚度为0.3毫米的薄板和直径小于1毫米的丝材等。

形状记忆不锈钢可用来制作紧固件、管接头、夹具、金属等，也适合用于制作电路自动断路器、火灾报警器等温度敏感器件。

20. 防振合金

噪音是由振动产生的。这种引起噪音并使它在空气或固体中传播的振动也是一种能量，叫做声能。振动得越厉害，声能也越大，人们听到的声响也就越强。

防振合金能消除噪音的秘密，就在于能利用材料本身的特点把引起振动发声的能量转化成为其他形式的能量（比如热能），这样，声音就被抑制得很弱，或者完全听不到了。

材料本身能消耗掉通过的能量，这种现象叫做"内耗"。引起金属内耗的一般原因是晶格中间隙的原子跳动、位错运动、原子微扩散和磁性变化等。而防振合金就是要最大限度地引起内耗，以使噪音的能量消耗掉。通常按照引起内耗的不同，人们将防振合金分为复合型防振合金、铁磁型防振合金、位错型防振合金和双晶型防振合金等。

21. 复合型防振合金

复合型防振合金主要有锌铝合金、片状石墨铸铁和球墨铸铁等。这种防振合金与复合材料一样，都是由两种不同的成分组成的，一种是高韧性的基体，另一种是嵌在基体中的柔软颗粒。在两种不同组织成分的交界面上很容易产生变形，而变形就是内耗的作用过程，它像海绵吸水一样吸收和消耗外部的振动能，从而达到消除和抑制噪音的作用。这类防振合金中的典型代表是片状石墨铸铁和锌铝合金。片状石墨铸铁在发生内耗时，首先是基体与石墨组织交界面上的滑移变形，接着是在软石墨中的塑性变形，以及基体组织因局部应力集中而产生的塑性变形等，以此来消耗振动能而达到减振的目的。因此，片状石墨含量越多的铸铁减振效果就越好，而球墨铸铁的减振性能就较差，必须将球墨用诸如轧制的方法压扁，才能提高其减振和防振的性能。锌铝合金主要是通过两种组织交界面的滑移变形来起到减振作用的，属于这一类合金的还有铝锡合金和铝硅合金等。

22. 铁磁型防振合金

铁磁型防振合金主要是依靠材料的磁性变化来消耗振动能的。这是因为铁磁材料在机械振动时存在有附加的磁损耗，它由不同的涡流所组成，可消耗较多的动能。属于这类防振合金的有铬铝钢、铬铝锰钢和钴镍合金等。这类合金的使用温度高，加工性能好，是很重要的一类卖用减振合金。

23. 位错型防振合金

位错型防振合金主要是以材料组织的位错来消耗振动能的。位错实际上是金属材料中存在的一种线状晶格缺陷。在充分退火的材料中，每平方厘米大约含有 100 万个位错。通过对材料进行塑性加工，就会使位错急剧增加，而位错互相联合就会形成位错网络等形式。在交变应力作用下，位错就会像弓弦一样产生振动，从而将能量消耗掉。这就是说，位错运动时产生内耗。这种内耗就能起到减振和防振作用。属于这类防振合金的有镁镍合金和镁锆合金等。

24. 双晶型防振合金

双晶型防振合金也叫做孪晶型防振合金。当合金受到振动作用时，双晶（孪晶）晶界在振动的作用下就会产生移动，由于消耗振动能而使振动衰减下来。目前已得到广泛应用的镍钛形状记忆合金，当初是作为防振合金进行研究的，而在一次偶然机会中才发现它具有形状记忆的本领。属于这一类防振合金的有锰钢合金、铜铝镍合金和镍钛合金等。这类双晶型防振合金，实际是投入实用最早的防振合金，在防振合金中属于作出过重要贡献的老前辈了。

25. 钛合金

作为生物合金的钛合金，包括纯钛和钛铝钒合金。这种钛铝钒合金的机械性能较好，除了钴合金外，它是耐腐蚀性和生物相容性最好的合金材料。

钛合金的最大优点是它的密度较低，主要是因为它里面含有密度小的铝和钒。这样，钛合金就与人体骨骼相接近，植入人体后的舒适性比其他合金高。此外，它的弹性模量为不锈钢和钴合金的一半，比较接近自然骨，因而可减少接合面上的附加应力，延长了使用寿命。

26. 镍合金

镍合金中含有钴、铝等多种合金元素，具有优异的耐腐蚀性和耐磨性，但目前尚未广泛用它制作人工关节等。

27. 钴合金

钴合金中含有较多的铬、钼，所以又称为钴铬铝合金。它的耐腐蚀性比不锈钢强 40 倍，而且耐磨性也非常优越，可在人体内使用二三十年也不产生磨损。这类合金主要用来制作人体受力最大的髋关节。

28. 人造金刚石

人造金刚石是将碳溶于铁、钴、镍、铬、锰等金属溶质（作为催化剂）中，并在 2750℃ 和约 100 亿帕的温压条件下从溶质中凝结出金刚石小晶体。或者采用爆炸法生产出人造金刚石。这种爆炸法生产人造金刚石，是在百万分之一秒爆炸的瞬时，保持 100 万个大气压和自然急剧升温，从而获得了平均粒度为数毫米的人造金刚石。

人造金刚石已代替价格昂贵的天然金刚石在空间探测器的红外发射窗、激光器元件和光纤通信等许多方面获得实际应用，而且需求量每年增加 15% ~ 20%。

29. 精陶瓷

普通陶瓷经过原料配制、坯料成型和窑炉烧成三道工序制成，而精陶瓷大多采用粉末烧结法制造，即先配制成一定成分的粉料，在压力机上压成坯，然后在严格控制温度和压力的炉内烧结而成。

30. 结构陶瓷

通常所说的结构陶瓷是指在各种工业部门中用于制造机械设备和加工工具的陶瓷。目前，最常使用的结构陶瓷是氧化铝、碳化硅、氧化锆和氮化硅等。这些陶瓷材料大都是用粉末原料在一定温度和压力下烧结而成的。就以氧化铝陶瓷来说，它由极细的纯氧化铝粉经过压制和烧结制成。在压力和高温下，微细的氧化铝颗粒互相焊合在一起，形成细密的结晶组织，而且它的原子间距离极小。这样，它的结合力就比其他材料大得多，即使在高温下也比一般材料坚硬得多，因而具有优异的耐磨性，而且还具有很强的耐腐蚀性，是制作加工工具的理想材料。

31. 功能陶瓷

"功能陶瓷"，顾名思义，是因为它具有能将热、电、磁、声、光等功能互相转换的本领。

功能陶瓷分敏感陶瓷、压电陶瓷和磁性陶瓷三种。

敏感陶瓷对温度、声音、压力、颜色和光线等变化感觉非常灵敏，并能转变成电流或电压的变化显示出来。

压电陶瓷是经过特殊处理的陶瓷。它在力的作用下，能将机械能变成电能；在电场作用下，又能把电能变成机械能。

磁性陶瓷，是带磁性的陶瓷材料。由于它的电阻率比金属磁性材料高得多，加之原料丰富，生产成本低，因而被用作电子计算机磁性存储器的磁芯和电子设备的微波元件等。

32. 信息陶瓷

信息陶瓷是指具有绝缘性、磁性、热电性、半导体性、电感性、压电性和光学性能等特殊的物理性能的陶瓷，主要用在电子学和光学信息的传送方面，所以称为信息陶瓷。

用二氧化硅等制成的光导纤维，就是信息陶瓷家族中的主要成员。用光导纤维制成的光缆具有容量大、抗干扰性强的优点。1千克光缆可代替几十千克重的有色金属导线。

33. 生物陶瓷

1971年，外国科学家博丁和格里斯等人研制成用氧化铝陶瓷制作的人工骨、白与金属柄组合的人工股关节，开创了生物陶瓷在人体组织修复中应用的先例。此后，氧化铝陶瓷便得到广泛应用，不仅可用来制作人工膝关节、足关节、肘关节和肩关节，以及能负重的骨杆和椎体人工骨，而且还能作为修补移植海绵骨的填充材料和兼有移植骨作用的髓内固定材料。

目前，已成功地用于修复人体组织的生物陶瓷有氧化铝、羟基磷灰石、磷酸钙、碳、碳—碳复合材料和生物玻璃等。这些陶瓷的优越性在于有足够的强度，对人体组织无毒、无副作用，以及能长期可靠地工作等。

34. 高吸水性树脂

高吸水性树脂是以淀粉和丙烯酸盐为原料制成的一种吸水性很强

的聚合物，它能吸收相当于自身重量的 *500 ~ 1000* 倍的水分，而且保存水的能力也特别强，即使用力挤压，依然滴水不漏，真可称得上是位"吸水大王"。

这种树脂为什么能大量吸收和保存水分呢？原因就在于树脂中含有像藤条一样的高分子链。在吸水前，这些呈紧密固体状的高分子长链，相互缠绕卷曲，并在一部分链之间形成相互交错的网状结构；遇到水时，在网状结构中的离子由于带电荷相同，便互相排斥，结果就将高分子链充分地扩展开了。也就是说，这时的网状结构好像一个拉开的大网兜，因而可以吸收和储存大量的水分。

35. 生物降解塑料

生物降解塑料是一种能被土壤中的微生物和酶分解掉的塑料，也就是像植物一样能自然腐败的合成物。通常，最简单的办法是在塑料中添加淀粉，以削弱和破坏分子长链的结合力，使其达到微生物能消化分解的程度，最后将它分解成水和二氧化碳。

美国农业部采用的方法是，在塑料中加入 *40% ~ 50%* 的凝胶状淀粉；而美国另一家公司则加入经有机硅耦联剂处理后的淀粉和少量玉米油不饱和脂肪酸作为氧化剂。这些塑料在堆肥条件下经过 *3 ~ 5* 年后才能分解。显然，它们的成本高，降解期长，难以普遍使用。

36. 化学降解塑料

生产化学降解塑料，通常加入的是由淀粉包裹的能促进降解的聚合物和玉米油一类的氧化剂，因而成本较低。用这种塑料制成的包装物被埋在土里后，细菌会吃掉其中的淀粉，就剩下千疮百孔的网状物。

随后，塑料中的氧化剂与土壤里的盐和水发生作用，产生氧化物，对残留在塑料中的分子链进行破坏。在理想的情况下，半年左右塑料就会分解成粉末状，几年后完全分解，完成化学降解过程。

37. 光照降解塑料

光照降解塑料中含有能吸收阳光紫外线的羟基，依靠紫外线来破坏塑料中结实顽固的分子链，从而使塑料变脆和崩解。现在有些食品包装袋和瓶罐就使用这种塑料制成，它的分解腐烂过程同化学降解塑料一样，也会留下一堆残渣，需要好几年才能完全降解掉。

38. 高吸水性塑料

高吸水性塑料是一种具有强吸水能力的新型食品保鲜包装材料，它能吸收相当于自身重量几百倍甚至上千倍的水分，吸水膨胀后即便加压，它也能保持滴水不漏。用这种材料存放蔬菜、水果，可以长期保持水分和防止溃烂。

39. 导电塑料

塑料本来是一种广泛使用的不导电绝缘材料，可是一旦能导电就如虎添翼。20世纪80年代初期，导电塑料还是实验室里的"娇儿"，如今已走向社会"大显神通"了。

说来有趣，导电塑料是在实验失误中偶然发现的。那是1970年的一天，日本筑波大学的白川教授在指导学生做用乙烯气制取聚乙炔的实验时，学生误将比实际需要量多1000倍的催化剂加入试剂中，结果得到的不是应得到的黑色聚乙炔粉末，而是一种银光闪闪的薄膜。与其说它是塑料，不如说更像金属。后来，白川教授和美国科学家一起研究这种塑料薄膜时发现，往塑料中掺入碘后它居然能导电，而且导电率增加了 3000 万倍。

40. 分离膜

高分子分离膜是 20 世纪 80 年代初迅速发展起来的一种高分子新材料。它的特长是：能从混合物中有选择地提取所需要的固体、气体或液体物质。它为什么会有这种出色的本领，人们还不十分清楚，但大致上可以认为是以浓度差或压力差作为驱动力而选择透过的结果。这种分离膜按分离方式不同，可分为分离混合气体的气体分离膜、分离液体和蒸气的有机液体分离膜、分离水溶液中溶质和离子的液体透析膜、分离水与溶液的逆渗透膜等。

通常，分离膜可以用一种高分子材料制作（如分离水和酒精的分离膜是采用聚乙烯酸制成的，厚度为 50 微米），也可以用两种或多种高分子材料的共聚体制成（如采用聚二甲硅氧烷—聚碳酸酯共聚体等）。

实际上，分离膜在结构上类似有着很多网眼的筛网，不过这些网眼是人的肉眼看不见的，它们其实就是分离膜的高分子链之间的间隙，其大小至多只有一根头发丝的 1/600（约 0. 1 微米）。

41. 高分子纤维

高分子纤维问世比较早。美国杜邦公司在 20 世纪 30 年代就已用己二酸和己二胺制成尼龙－66，随后德国用己内酰胺聚合成功聚酰胺

6，即尼龙-6。这种尼龙高分子纤维的应用日益广泛，从美观耐用的尼龙丝袜、衣着、绳索、鱼网、地毯到飞机轮胎的帘子线、降落伞，到处都有它的踪迹。

1941年，英国卜内门公司用对苯二甲酸和乙二醇为原料制成了涤纶。由于涤纶的吸湿性能和衣着性能都比尼龙好，而且可与棉、毛、麻混纺，因而发展很快，已成为世界产量最多的高分子合成纤维。另外，涤纶还可制成薄片和塑料，用来制作无纺布、绝缘纤维和绝缘带，以及软片、录音带、录像带、绳索、饮料容器等。聚丙烯腈可用水做增塑剂，纺成丝即成腈纶。腈纶具有羊毛感，可纺成毛线；腈纶耐日晒，因而是制作帐篷、船帆和汽车顶盖的优质材料。

42. 导电纤维

英国于20世纪70年代中期首先研制成导电纤维，它是在合成纤维表面覆盖上一层导电微粒碳黑而制成的。到了80年代，美国和日本等国采用复合纺丝技术，竞相开发了各种类型的导电纤维，其导电层都采用了含有碳黑的聚合物。这些导电纤维可用来制作防电缆绳、防电刷、防电磁带、除静电工作服、抗菌袜、抗静电地毯和电磁波屏蔽制品，以及收尘滤袋和输送皮带等，广泛用于航天、电子、通信、石油采运、火力发电、煤矿开采等许多方面。

43. 吸汗纤维

人们还利用高分子材料的吸水性能制成了吸汗纤维。这种新型高分子纤维的表面上有许多微细小孔，而在纤维内部这些小孔是互相连通的。人们穿上用这种纤维制作的衣服，当出汗时，汗水便通过小孔扩散到纤维表面，或者从相连通的小孔扩散到其他小孔中，最后由纤维表面蒸发掉，使人感到舒适。由于这种纤维透气性好，已广泛用它来制作运动服装，如球类运动服、登山运动服和滑雪运动服等。

44. 抗菌纤维

抗菌纤维也是高分子纤维的主要成员。顾名思义，是因为在它的纤维内含有抗菌剂。这种抗菌剂可以缓慢地释放出来，用来杀死各种细菌。抗菌纤维常用来制作窗帘、地毯、毛巾被和运动服等。

45. 光导纤维

在信息传输方面大显神通的光导纤维，是高分子纤维中的后起之秀。光导纤维，就是能传送光线的纤维，简称"光纤"。1964 年，美国杜邦公司首先研制成以聚甲基丙烯酸甲酯为线芯的塑料光纤。这种光纤是由两种折射率不同的塑料复合而成的，即由起着导光作用的芯线和折射率低于芯线而能将光闭合在芯线内的皮层鞘构成。通常用的光纤直径为0.1～0.3毫米，而芯与鞘两种材料的搭配是以两种材料折射率相差0.1为标准的。

46. 塑料光纤

用聚苯乙苯和聚甲基丙烯酸甲酯等高分子材料制成的塑料光纤，比用石英制作的光纤更优越，具有耐弯折、加工性好、与光源和受射器结合效率高，以及价格低廉等优点，是一种颇有竞争力的光纤材料。这种塑料光纤可用来制作光导向器、光学传感器、显示盘、照明装置、数字与成像显示，以及复印或传真线路等。此外，它还可在装饰、医用内窥镜、灯具和玩具中得到应用，有着广阔的发展前景。

47. 变色纤维

变色纤维是根据光照射到纤维表面高低不平部位时引起反射、折射等产生的不同颜色的原理，制成的一种新型高分子纤维。这种变色纤维是采用两种热收缩性不同的聚合物混合织成细丝，以便获得具有高低不平部位的织物表面。这样，就会使进入人眼的正反射光减少，而被纤维或纤维之间吸收和反射，从而产生色彩变化的效果。这种纤维还具有蓬松、柔软的性能，用它制成的衣服备受年青人的喜爱。

48. 复合材料

复合材料这个名字听起来有点生疏，其实它早已在日常生活中发挥作用了，像石灰中加麻刀、钢筋混凝土等都可说是属于复合材料家族的成员。由此可知，复合材料就是由两种或两种以上材料组合成的一种新材料，其中一种材料作为基体，另一种材料作为增强剂。

大家知道，任何单一的材料都有其长处，也有其短处，不可能十全十美。如果将不同的材料结合在一起，使它们扬长避短，发挥各自的优势，就可能得到一种性能优异的新材料。由于用这种方法可以按照实际需要选择组成材料，设计出各种各样的新型复合材料，所以将复合材料也称为"设计材料"。

49. 纳米材料

纳米材料，也叫超微粒材料。它是一种小而又小，难以想象的细

163

小粒子或粉末，所以称为超微粒子或超微粉末。

通常，把 *1* 毫米分割为 *1000* 份，每 *1* 份就叫 *1* 微米；再把 *1* 微米分割为 *1000* 份，每 *1* 份就是 *1* 纳米。超微粒子就是指直径大小为 *1 ~ 100* 纳米的固体颗粒，"纳米材料"的名字也便由此而来。

50. 碳纳米管

碳纳米管，它的强度比钢要高 *100* 倍，其重量只有钢的 *1/6*。它们非常微细，*5* 万根超级纤维并排在一起，才只有一根头发丝那么粗。

专家们对碳纳米管抱有很大希望，他们认为碳纳米管可能成为未来理想的超级纤维材料。

碳纳米管的结构与"布基球"类似，"布基球"式结构就是球面结构的碳分子。由于它的发现，发现者荣获 *1997* 年的诺贝尔化学奖。实际上，这项诺贝尔化学奖公布时，它已经不是什么新奇的东西。因为人们对碳纳米管结构的研究早在 *5* 年前就开始了。

普林斯顿 NEC 研究所的托马斯·埃布森认为，碳纳米管已经成为"最佳纤维"的首选材料。还有些人则认为它们会成为最佳超微细导线。一根碳纳米管的直径只有现在的超高速芯片上的最细线条宽度的 *1/100*。诺贝尔化学奖得主——休斯敦赖斯大学教授理查德·斯莫利认为，碳纳米管会成为理想的导体，其导电性能很可能会远远超过钢。他和他的同事们相信碳纳米管最终将成为纳米级芯片上的导线材料。

51. 纳米催化剂

美国劳伦斯—伯克利实验所的分子设计实验室的研究人员和伯克利加州大学的研究人员，已成功地开发出纳米量级的催化剂。他们在原子力探针的尖端涂以铂，原子力显微镜变成为纳米量级的催化反应装置。研究人员又以烷基叠氮分子作为研究对象，取其 *10×10* 平方微米的面积作为样本的区域。这里以铂涂层作为催化剂，试图增加叠氮化合物分子中的氢原子，从而使原有的叠氮化合物分子变成为卤氮化合物分子。研究人员为了观察这种催化反应，在此过程中添加了一种荧光物质，这种物质只与卤氮化合物结合，而不与叠氮化合物结合。结果，在显微镜中，可以看到探针扫过的区域泛起绿色的荧光。这就表明原子力显微镜可以作为催化反应装置，可以精确控制材料表面上的化学反应点。研究人员认为，选择合适的反应物和催化剂以及其他分子，人们就有可能组装成各种各样的复杂纳米结构。

52. 制取纳米材料

用一般机械粉碎法很难获得纳米材料，通常采用熔融金属雾化法和气体沉积法来制取纳米材料。雾化法凝结力强，产量高，但颗粒不太均匀；气体沉积法能获得清洁的超微粒子，而且颗粒大小易于控制。

80 年代末，日本研制成一种冲击式超微粉碎机，能制造直径 *1* 微米以下的超微粉末。德国科学家于 *90* 年代初发明了一种生产金属超微粒子的新方法，是在一个封闭室内放进金属，然后充满惰性气体氦，再将金属加热变成蒸气，于是金属原子在氦气中冷却成金属烟雾，并使金属烟雾粘附在一个冷却棒上，再把棒上像碳黑一样的纳米大小的粉末刮到一个容器内。如果要用这些粉末制作零件，就可将它们模压成零件形成，通过烧结即可制成纳米材料零件。

53. 毫微塑料

这种新型材料是在普通塑料中复合进了最新的毫微技术（即纳米

技术）而形成的一种犹如具有灵感的新材料。它的奥妙就在于材料本身被电子化了，即在材料中容纳了许多超微型计算机、超微型传感器和超微型发射器等电子器件，使其不仅具有自动化的功能，而且还具备了感知周围事物并能作出反应的能力。例如，采用这种材料制作的坐椅，不仅能帮助端坐者坐下或站起，还能按照主人的需要来随心所欲地变换坐椅的形状，使靠坐者能获得像靠坐在高背软垫椅上那样舒适的感觉。此外，在日常生活中，智能坐椅还能根据男女老少对坐椅舒适性的不同要求，自动进行升温或冷却，以提供靠坐的舒适性，甚至还能记忆家庭中每个成员对坐椅的特殊偏爱。

第十章

建筑科技馆的发展介绍

从原始社会在树上搭建挡风遮雨的窝开始，建筑就与人类相依相随，到目前为止，建筑已是人类生活、工作须臾不可分离的重要物质。不同的文化系统决定着不同的美学深层结构。中国古建筑的美学精神可用一句话来概括："于有限中见到无限，又于无限中回归有限。"也就是说，中国建筑不是仅仅局限于单体建筑物，不是向苍穹作无穷的追求，而是在有限中见到大自然，又从大自然中回到自我；西方建筑则不然，它以富于逻辑、规则理性见长，而且特别注重特定的环境中的建筑性格，但他们并不注重人与自然的关系。

建材就是建筑材料。建材也是随着时代的发展而发展的，中国古代的建材大多是秦砖汉瓦，现代的建筑材料则是多种多样，除钢筋混凝土外，还有多种辅助材料、高科技材料，建材是建筑的基本组成元素。现代社会，随着人们物质文化生活的不断提高，建筑建材的发展方向，除注重高科技的特性外，更重视文化积淀和个性化、舒适化的倾向，这种态势构成了现代建筑的多元化、立体化和绚丽色彩。

1. 超级摩天楼

马来西亚吉隆坡双塔中心大厦是当今世界第一摩天楼，它于 1996 年落成，高 88 层，总高度 450 米，比美国最高摩天楼西尔斯大厦还高出 7 米。

两幢摩天楼高 88 层，在 41 层和 42 层由一个空中过桥相连，以方便楼内的通讯和交通。它的内部流线组织得十分严密，从而使两幢大楼共用会议中心、祈祷堂和行政人员餐厅等。

六层设有餐饮的娱乐设施，为人们提供了各种方便，建筑周围设置了拱廊和雨篷，为行人提供了舒适的游览环境，有拱顶的人行道与湖边的休闲空间以及成排的绿树、喷泉形成了独具特色的建筑外部空间。

建筑外观呈多边形，层层收分富于变化，外装修采用了镜面玻璃和彩色陶瓷马赛克面层，其独特的造型和色彩，折射出丰富的多样化的马来文化特色，构成了亮丽的吉隆坡的城市风景线。

2. 海上漂浮城市

谁都知道，城市是建在陆地上的。

但是现在，城市已被人搬到海上去了，这就是美国世界城公司设计的超豪华游船。这条游船的长度近 400 米，是当今世界上最大的游船。

在这条游船上设有六个游泳池、十五个餐厅、三十个商店、数十家咖啡馆、一个图书馆、一个博物馆、一个游乐场、一个拥有 2000 个座位的戏剧电影院等等。

该游船除了有 2600 多名船员、服务人员外，还可接纳 6000～6500 名旅客。旅客上船非常方便，可由 4 艘载客量为 400 人的客船直接将旅客送到这个水上浮城的内部。

由于这艘船的设施一应俱全，旅客可在这条船上长期休假，随这个水上浮城四处周游。

3. 塑料房屋

最近，美国通用电气公司塑料制品公司建造了一座新型房屋——塑料房屋，它矗立在美国马萨诸塞城西的一座圆丘顶上，没有人住在这幢房子里，也许永远不会有人去住。它只是该公司在寻求新市场的产品陈列馆。

这种房屋的表面材料大部分是塑料制品，就算你走近它，也很难发现它同其他房屋有何不同。屋顶由两种不同的塑料盖板覆盖，它们看起来像灰色的杉木板。塑料盖板的最大优点是重量轻，安装容易，由大块板制成，无需垫层，另外还可阻燃。房前面的盖板是用塑料树脂与玻璃纤维化合成的，其目的是防火，这是目前能达到的标准。

这座住宅还配有电脑，可以用声音控制，根据口授指令拉上窗帘、开灯等等。当人们踏进房屋时，电脑就会向人们问好，并问答客人的问话。

楼上的卧室和浴室中还展出了令人叫绝的新技术产品。卧室里的窗户是夹有液晶的玻璃，不通电时，呈乳白色，不透明；当你接通电流时，液晶分子会重新排列，这面窗户就是透明的，与通常的玻璃窗一样。

4. 汽车住宅

汽车住宅是采用与汽车制造相似的现代化生产方式生产，与传统的施工方法不同，但这种灵活的汽车住宅可以迅速地为人们提供比普通住宅更为方便舒适的居住条件，而且建造时间短。

这种大型活动住宅，基本上是一种预制房屋，需要用托车运至现场后，再用起重机吊运安装在地面垫块上，并与基地的上下水、电和电话系统联通。汽车住宅的浴室、厨房、餐厅、起居室、卧室均为最小尺寸，但室内布置非常舒适，在设计上吸取了宇宙飞船舱体设计的优点。

汽车住宅的房屋骨架由钢材焊成，围护结构采用标准构件，主要材料是特制的夹心胶合板，内填泡沫状保温材料，内墙面粘贴塑料壁纸，顶面采取了防雨防晒措施，并有隔热保温的性能。住宅内部，通常装备有高水平的技术设备，温度能够自动调节，以适应不同国家和地区的气候条件。

5. 电脑化住房

建造一个电脑化住房，其目标是让"住房"本身就成为一个管家：它能准备食物，照顾病人、婴儿，甚至还可以参加家庭娱乐。

在达拉斯一条绿荫夹岸的小河旁，有一座白得耀眼的大厦，它可能是这个星球上设计得最为精巧的住房了。整个大厦中装置了 12 台电脑，长达 8 千米的电线和荧光屏连成一个电视网。屋主在外给家里打电话时，会有一个愉快的声音回答问题。只要屋主说出规定的口令，包括家中地下室的温度，以及楼上走廊是否有人等等，都可一一查出，而最令人称奇的是，还可以先打电话将浴池的水烧热。

电脑化住房能以最高的效率调节灯光和空调，它还能防火、防盗。比如说游泳池的热水器坏了，"住房"会自动找人修理。修理工来时如果家中没人，他可以用一个临时密码进门。如果他走的路线不对，"住房"就会提醒他。若有客人来访，而当时主人不在家，"住房"就会按照事先输入的资料，为将要进门的人打开他所喜爱的灯光、音响和电视节目。

6. 生物住宅

生物住宅是完全以天然资源——木材、粘土或砖制造，并以无毒物质涂刷和加色。这些住房通常包含太阳能温度控制系统或绝缘保温的冬季花园。这类住宅必须禁止地下水和地球磁场的干扰。

生物住宅对于人的健康非常有利，但许多人对此都不太相信，但事实最终让他们心服口服。一位居民曾说："我一向不相信这类事情。"可是在租了一幢生物住宅之后，他却说："我们感冒、得病次数少了。"

在德国，已经有大量的生态的产品，如"生物洗衣粉"和"生物蔬菜"等都生产出来了，而其中以生物住宅最受重视。

建造一幢生物住宅的费用根据住宅大小、使用建材和暖气系统而定，但这类住宅一般都比普通住宅昂贵，德国境内总计约有 2000 栋生物住宅。建筑师盖格表示"随着人们环保意识的加强，这一趋势将会持续发展"。

7. 多孔材料

1993 年，美国的一家世界有名的桑迪亚国家实验室，因为不会生产高质量的多孔材料，不得不从乌克兰第聂伯罗彼罗夫斯克冶金学院专门购买一种多孔金属的技术。原来这种多孔金属有一个重要用途，这就是制作太空火箭煤油燃料的雾化器，以迫使煤油通过大量微孔由油滴变成油雾，使燃料达到最佳燃烧状态。

乌克兰的科学家还有一手绝招，他们会通过控制各种工艺技术条件和控制金属从熔化到凝固的冷却时间，制造出各种孔径的优质多孔金属。零件中的孔径尺寸，小的可以达到 5 微米，也就是一个细菌那么大；大的可以达到 10 毫米。孔在零件中占的体积可以小到只占零件体积的 5%；但也可以大到占零件体积的 75%。也就是说，这种多孔金属不只是百孔千疮，简直是千孔万疮了。

用这种材料制成的雾化器，可以大大节省燃油，因为它能显著增加燃料的雾化程度，达到完全燃烧的效果。

8. 泡沫金属

美国杜克大学工程系有一位叫富兰克林·科克斯的工程学教授，是研究金属材料的行家。

1991 年，科克斯利用"哥伦比亚"号航天飞机进行了一次在微重力条件（即失重状态）下制造泡沫金属的试验。他设计了一个石英瓶，把锂、镁、铝、钛等轻金属放在一个容器内，用太阳能将这些金属熔化成液体。然后在熔化的金属中充进氢气，产生大量气泡。这个过程有点像用小管往肥皂水中吹气（会产生大量泡沫）一样，金属冷凝后就形成到处是微孔的泡沫金属。

有人会问，这种泡沫金属能作结构材料吗？这一点用不着担心。实验证明，用泡沫金属做成的梁比同样重量的实心梁刚性高得多。因为泡沫使材料的体积大大扩张，获得了更大的横截面，因此用泡沫金属制造的飞行器，可以把总重量降低一半左右。

用泡沫金属建立太空站还有一个优点，即当空间站结束其使命时，可以让它们重返大气，在大气层中迅速彻底地燃烧，化成气体，减少空间垃圾。

9. 智能材料

智能材料也叫机敏材料，它是 20 世纪 90 年代迅速发展起来的一种全新的材料分支学科。这种材料常常把高技术传感器或敏感元件与传统结构材料和功能材料结合在一起，赋予材料崭新的性能，使无生命的材料变得似乎有了"感觉"和"知觉"，并具有自我感知和自我修复的功能。

任何材料的发展都来源于实际的需要。例如，在社会的实际活动中经常发生飞机失事、桥梁断裂和房屋倒塌造成的灾难。这就促使科学家们希望找到失事之前能预警的材料，或预感到要失事时能自动加固或自行补助伤痕和裂纹的材料。比如，人的皮肤划伤后，过一段时间就会自然长好，且自我修补得天衣无缝；骨头折断后，只要对好骨缝，断骨就会自动长在一起。那么，飞机的机翼、桥梁的支架出现裂

173

纹后能不能自我修补呢？如果可能，那就可以防止许多灾难性的事故。
这就是目前世界上一大批科学家致力于研究和发展智能材料的原因。

10. 防弹玻璃

一些特殊用途的汽车玻璃，用子弹或石头是击不碎的，玻璃上只
会出现一些网状裂纹。这种玻璃就是防弹玻璃。

防弹玻璃是一种夹层玻璃，一般都做成三层。即在两层玻璃间夹
一层有弹性的透明塑料，如赛璐珞、降乙烯醇缩丁醛等塑料，这些塑
料物质像胶膜一样把两层玻璃紧密地粘结成一体。五层防弹玻璃也有
使用的。还有夹金属材料的玻璃。如一种夹钛金属薄片的玻璃具有抗
高冲击力、抗贯穿、抗高温的特点。总之粘合玻璃层数越多，防弹能
力就越强。

　　医疗发展到今天，其功能已不仅仅只是防病治病那么简单，它的功能已发展到防止衰老、克隆生命、肢体再生等等高深领域，由此还衍生了很多新鲜的医疗名词，如基因工程、PCR 技术、蛋白质工程等等，总之，新世纪的医疗卫生为人类打开了一扇崭新的窗户。

　　环保则是全世界都在关心的一个主题：人类只有一个地球，我们生存的环境已遭到严重破坏，酸雨问题、土地荒漠化问题、化学品污染问题……如何保护环境，已不是一个无足挂齿的个人问题，而是关系到全球全人类生存质量的大问题。我们应该积极行动起来，从你我做起，从今天做起，从一点一滴做起，为控制地球环境的恶化而贡献自己的力量。

1. 克隆

　　1997 年 2 月 22 日，英国罗斯林研究所 *52 岁*的胚胎学家伊恩·维文穆特博士对外宣布，他已用取自一只成年羊的乳腺细胞，首次培育成功了一头克隆绵羊。

　　克隆是英语单词 clone 的音译，指的是生物体通过体细胞进行无性繁殖。也就是说，不需要生物的雌雄两性交配，直接由母体细胞进行生物后代的繁衍。

　　那么克隆羊多利又是怎样被制造出来的呢？首先，科学家在显微注射仪放大几十倍的条件下，用特制的极细玻璃管刺入一个成熟卵细胞，将细胞核吸出，这样就得到了一个无核卵细胞。然后把绵羊的乳腺细胞放在它的外膜上，再对它们进行几微秒的电击，诱使它们进入到类似受精卵的状态。

　　最后研究者得到了 *29 个*胚胎，对这些胚胎进行一周培养后，植入母羊体内。许多胎儿都流产了，只有一只绵羊继续怀孕，并最终产下了多利。

2. 克隆器官

克隆绵羊的问世，把人们的注意力又吸引到了器官克隆上。*1997年4月3日《文汇报》报道了上海第二医科大学在老鼠身上培育出人耳。*他们把人软骨细胞进行体外培养，得到了形同耳朵的软骨；再把人软骨移植到小鼠身上，使小鼠长出人耳朵。这一成果，预示着将来通过体外细胞繁殖，可形成人体的各个器官，如骨头、气管、关节和皮肤等。这样，医生就可根据病人某器官的缺损情况，提取残余器官的少量正常细胞进行体外细胞繁殖，获得克隆器官。由于器官来自同一个体，所以这样的器官移植不会有排斥现象。

克隆器官的出现，是医学上的一大成就，为人类的健康提供了一份保险。

3. 无性生殖

把一根根柳树枝条或葡萄的枝条插在湿润的泥土里，过不了几天，那些枝条就会生根发芽，长出一个完整的植株来。这种繁殖方法，就叫无性生殖。

为了更好地理解什么叫无性生殖，我们不妨做一个有趣的小实验。到商店里买来一种叫做"琼脂"的东西，加水把它熬成溶液，加上煮熟了的土豆泥、糖，搅拌均匀，灌在试管里，让它自然冷却，凝结成固体，作为蘑菇的培养基。

然后从厨房里拿一朵蘑菇，用酒精消毒后，再从中切下一小块。把切下的蘑菇块放在培养基上，再在试管口塞上消毒棉球，外面用纸包住。

过上两三天，试管里就会生出洁白的小丝丝，它们爬上了试管壁。这就是蘑菇菌丝，如果再把这些菌丝移植到木屑上，就会长出一朵朵洁白的蘑菇来。

无性生殖技术现在已经非常发达，科学家们不仅可以利用植物细胞进行无性生殖，还可以利用动物母体细胞进行无性生殖呢！

4. 胚胎移植

什么是胚胎移植？请看下面一个例子。

利用优良品种的雌畜，在人工注射雌性激素条件下，使卵巢一次排出更多数量的卵。例如，母牛通常一次只能排出一个卵，但通过人工注射雌性激素后，一次能排出 6~8 个卵，然后再用优良公牛的精子进行人工授精。当然，这些受精卵在一头母牛内发育是不可能的，必须用人工方法把这些受精卵或早期胚胎（不超过 7 天）从亲母牛（遗传母牛）取出，移植到正处在发情期的养母牛（代理母牛）子宫内，以发育成新个体。这种借代母牛的腹以怀遗传母牛的胚胎的方法叫胚胎移植。一头代理母牛（不一定是优良品种），一次可移植两个受精卵或两个早期胚胎。

如何发挥优良家畜的生产潜力，需从公畜和母畜两方面考虑。在公畜方面，人工授精和冷冻精液技术的发明，充分发挥了优良公畜的生产潜力；在母畜方面，通过超排卵和胚胎移植，是充分利用优秀母畜繁殖能力的有效方法之一。母畜在怀孕期间不能配种受精，这样就能把优良母畜的胚胎寄养在普通母畜内，又可让优秀母畜继续发情配种，以产生更多的优良胚胎。一头奶牛，采用一般的繁殖方法，一生只能繁殖 6~7 头；而采用超排卵和胚胎移植方法，一生则可繁殖上百头。

5. 人工多胎

优良母畜的繁殖潜力可以通过超排卵和胚胎移植加以发挥，但是，一个胚胎只能发育成一个个体。人们从天然的同卵双生（即由一个受精卵分裂成两部分而发育成两个个体）得到启发：既然天然能有同卵双生，那么是否可用人工方法产生同卵双生或更多的后代呢？大量事实证明，这一想法是可以成为现实的。

科学家发现，当精子和卵结合产生受精卵（合子）后，细胞开始分裂，依次由 1 个分裂成 2 个、4 个、8 个，以此类推。在细胞分裂早期（早期胚胎），如 4 细胞期或 8 细胞期，用显微技术把早期胚胎吸出 体外，进行细胞分割，每个细胞又可发育成 1 个新胚胎。若把这些新胚胎移植到代理母牛子宫内，则可进一步发育出新个体。这种利用早期胚胎细胞的分裂性能，把一个胚胎分割成多个胚胎，进而产生多个个体的技术，称为胚胎分割。

显然，胚胎切割比胚胎移植能产生更多的后代个体。

人工多胎的研制成为生物的繁殖又开辟了一条新途径。

6. 基因

基因是控制生物性状的遗传密码，它是由 DNA 构成的。DNA 是构成基因的物质基础。在生物工程中，用来控制生物性状的遗传密码就是 DNA 中所包含的四种核苷酸。组成 DNA 的核苷酸虽然只有这么四种，但它们可以有许许多多的排列顺序，而不同的排列顺序就可以决定不同的信息，即遗传密码。

7. 蛋白质工程

蛋白质工程的中心内容就是改造现有的蛋白质，合成新的、自然界并不存在的蛋白质，以满足人们的需要。

这些蛋白质主要是酶。它的功能是多方面的，比如说生产奶酪必须用一种叫 T4 的溶菌酶来杀菌。这种酶在温度接近 67℃的时候，3 个小时以后活力就仅剩下 0.2%，无法维持正常生产。如果把溶菌酶的结构改造一下，给它动个手术，同样是在 67℃的工作温度之下，同样是经过 3 个小时以后，这种经过改造的溶菌酶的活力一点儿都没减弱，从而大大提高了奶酪生产的效率。

干扰素是一种治疗癌症的特效药，它遇热容易变性，即使把它放在零下 70℃的低温环境里，也只能保存很短的一段时间。如果利用蛋白质工程把干扰素的结构改造一下，它就可以保存半年之久。

在基因工程中，蛋白质的生物合成必须依靠很多酶，其中有一种叫核糖核酸的转移酶，它的功能是搬运不同的氨基酸。专门搬运酪氨酸的核糖核酸转移酶叫酪酸核糖核酸转移酶，如果给这种酶作个小手术，它的催化能力能一下提高 25 倍。

第十二章

农业科技馆的发展介绍

农业起源于新石器时代，距今已有一万年的历史，如今，世界上的许多主要农作物，如小麦、大麦、水稻、玉米、甘蔗、亚麻、棉花和多种蔬菜、豆类等等，都是在很早很早以前的原始社会就开始被人们种植了，我们的祖先付出了无数的艰辛，运用超凡的智慧，才使人类延续下来。

随着社会的发展，农业也发生了翻天覆地的变化，传统农业虽然仍然主宰着人们的生活，但科技农作物、高科技农业正一步一步走近人们的生活，农田的农作物、人们餐桌上的食品已开始发生悄然变化……农业技术的革命，正在悄然改变着人类的生活。

1. 太空柿子椒

太空柿子椒顾名思义就是在太空中培育出的柿子椒，它一个可重达400克，当你第一次见到时，一定会为这个"天外来客"的巨体感到惊讶！

我国黑龙江省农科院的科学家，利用我国发射的返回式卫星首次搭载一批粮食、蔬菜和花卉种子，这些巨大柿子椒的种子经过一次太空旅游受到空间环境、宇宙射线、高真空、微重力等因素的影响，使种子发生了在地球上无法发生的变异，然后经过科学家选育3～4代，使其稳定，最后才培育成重达400克的柿子椒新品种。同样经过太空旅游的红小豆、水稻等产量都有不同程度的提高。

随着科技的发展，今后将会有更多更丰富的太空食品为我们享受。

2. 彩色棉

彩色棉是一种棉纤维，具有天然彩色的新型棉花，它的色彩持久，水洗后能逐渐加深，制成纺织品无需印染、漂白、煮炼等化学处理。彩色棉经过生物工程改造，在种植过程中，可以不使用化肥、农药等化学物质，避免了对环境的破坏，适应了人们追求绿色与环保，回归自然的时尚，是更高层次的生态棉。

我国于1994年进行彩色棉的开发，从美国引进棕色、褐棕色等品种，由四川棉研所进行研究，到目前为止，已具有棕、绿、黄、红、紫等色泽品种，并在四川、甘肃、河南、海南建成四个彩棉研究和育种基地。第一批彩色棉织品已试纺织成功，并生产出一批彩棉成衣，不久种植面积可达1.3万公顷，产量达1.2万吨，生产成衣2000万件，现在的人们都追求回归自然的时尚，彩色棉这种绿色环保、天然的棉织品，恰恰适应了人们的这种追求，它的市场将更加广阔。

3. 彩色种子

一般的种子，颜色都很单一，现在却出现了一种披着五颜六色外衣的种子。这些种子之所以有颜色，是因为在种子表面包裹着一层能迅速固化的膜，在膜内可加入针对种子和土壤的农药、含有微量元素的肥料等。这是科学家们研究的21世纪的高新技术——种子包衣技术。

种衣剂是针对作物、土壤以及农业生产中的问题（如作物病虫害、土传病菌和害虫等）制备的。包有种衣剂的种子，由于迅速固化而使种子形成种衣。

种衣剂包衣的种子表面形成药肥种衣，种子播入土壤中后，种衣在种子周围形成防治病虫的保护屏障，使种子消毒并防止病菌和虫害，种衣中的肥料经缓慢释放供幼苗利用，激素则起刺激根系生长的作用。药肥种衣剂在粮食作物、棉花、油料作物运用中都产生很好的作用。使农作物的产量大增，提高了经济效益。

4. 彩色玉米

平时我们吃的玉米都是黄色的,那么彩色的玉米你是否吃过呢?它的味道与常见的玉米有什么区别吗?

彩色玉米是农业专家运用高新技术选育出的玉米新品种,是特用玉米的一种,彩色玉米作为一种鲜食特用玉米新品种,具有商品性好、经济价值高、适应能力广等特点,加上其独特的营养价值和特有的颜色,深受广大消费者的欢迎。

目前,我国引进种植的主要品种有紫香糯玉米、红玫瑰玉米、黑珍珠等品种。这些品种各有特色,如紫香糯玉米色泽独特,油黑发亮,美观大方,是目前彩色玉米新品种中的珍稀品种,因它有特殊的芳香口味,并集黏、甜、色、香、高营养和药用保健作用于一身,是我国惟一的特香型双穗鲜食强黏度珍稀品种。它株高1.5米左右,秆硬不伏倒,叶片上冲,适合密集种植,每公顷用种30~37.5千克,每公顷种密度63000~67500株,双穗率75%以上,株可结三穗,穗长可达17厘米,可收鲜穗约12000个。此外,该品种的鲜穗还可速冻加工,四季销售,嫩籽粒可制成味美的罐头,深受人们的欢迎。其他如红玫瑰、黑珍珠等品种也都具有很好的经济效益。

彩色玉米不仅以它漂亮的外表吸引着人们,还以它芳香的味道,高营养且能保健等特色吸引着人们,是玉米家族中的佼佼者。

5. 玉米酒精

玉米是世界上最重要的酒精生产原料,之所以用它生产酒精主要是利用它所含有的淀粉和糖进行发酵。每立方米的玉米可产生268.56升的酒精。

现在美国科学家研究利用谷物种子的纤维作原料，从而使酒清的产量提高，每立方米的玉米产生酒精可增 300.79 升。1994 年，美国利用玉米大约生产了 4.92 亿升的酒精，其中 60% 是通过湿磨法。其过程为：将玉米充分浸泡后磨碎，然后把高蛋白玉米胚、玉米油和纤维分离开，最后将淀粉发酵制成酒精。被分离出的纤维与发酵后的残渣混合、晒干后用作饲料，这种饲料家畜很喜欢吃，科学家们估算，如果能利用纤维来生产酒精，那么采用湿磨法每年可以很容易地从玉米中增加 378.54 万升的酒精，可增加提高 400 ~ 800 万美元的收入。

随着玉米产量的提高和加工过程中科技含量的增加，玉米的有效利用率和酒精产量有了显著的提高。玉米生产酒精的投入与产出比提高了 25%。

玉米生产出的酒精作为汽车燃料，不仅可以降低空气污染，而且能使石油能源危机得到缓解，对保护自然也会起到重要作用，但是由于玉米酒精燃烧时产生的能量低于生产所消耗的能量，所以迟迟不能进入实用阶段。

美国科学家们在这方面做了许多工作，玉米酒精作为汽车燃料的前景越来越美好。

6. 超级水稻

随着社会的发展人口的增多，人均土地面积在不断地减少着，提高农作物产量成为进一步增加粮食总产量，满足人民生活需要的主要途径。为此水稻高产育种研究，培育"超级稻"被提到首要位置。

"超级稻"一词来源于 1994 年国际水稻所培育的水稻新株型，亩产达 855 公斤，被记者称为"超级稻"。我国 20 世纪 80 年代中期开始独立探索超高产育种，并在理论与实践两方面都有了一定的成绩，广东农科院育成"特青""胜优"超高产品种，沈阳农业大学育成"沈农265"超高产新品系,中国水稻所育成"协优413",这些都取得了很大的战绩,中国超级稻育种研究目标使2002年实现10000～11000公斤/公顷,2005年突破12000公斤/公顷,2015年将跃上13500公斤/公顷。并形成超级良种,栽培配套技术体系,从而使我国粮食产量大幅度提高。中国开展超级稻研究列入1996年农业部"新世纪曙光计划",并将其看成实现水稻单产的第三次飞跃,是21世纪中国农业的希望。

7. 食用蔬菜纸

蔬菜纸是以蔬菜为原料的可食用纸。它是日本的研究人员借鉴紫菜加工工艺和主要设备研制成功的以蔬菜为原料的新型产品。

蔬菜纸主要包括:清洗、剥皮、煮沸、冷却、绞碎、添汁、碾压、着味、烘干等加工工序。这些蔬菜纸色彩鲜艳,令人开胃。橘红色的胡萝卜纸,浅绿色的甘蓝纸,白色的萝卜纸,使不爱吃蔬菜人也胃口大开。它们不用任何人造添加剂,百分之百地保持原有的纤维素,且杀菌卫生,特别适合婴儿食用。它食用方便,可包在点心或饭团外面吃,也可切细后加入西餐或汤内食用。一张蔬菜纸大约相当于200克新鲜蔬菜所含的营养成分,价格也较低。

食用蔬菜纸以其卫生、方便、营养价值高、价格低等普通蔬菜不能比拟的优点吸引着人们,成为食品中的佼佼者。

8. 太空农场

随着宇航事业的发展,人们已经开始研究在太空生产供地球人生活的食品。据科学家研究,地球上生长的莴苣、西红柿、胡萝卜、卷心菜、土豆、绿豆、小麦、甜瓜以及大豆、花生、水稻、玉米、羽衣甘兰、芜青、鹰嘴豆、燕麦和花茎甘兰等，可能在失重条件下的特殊温室中生长。美国国家宇航局已设计了一个太空农场，准备用其为太空飞行器、宇宙空间站或遥远星球上的基地工作人员生产食物。太空农场是一个生物再生循环的封闭系统，整个系统内的物品在使用后都将再生成可用的原料，如人、植物或无机物产生的"废料"，都将采用特殊手段将其变成液体养料，成为植物的肥料，不产生太空垃圾。对植物采用播种、嫁接或无性繁殖进行生产，植物可以高效地利用安装在其中的日光灯进行光合作用。植物收获后采用冷冻、脱水、干燥和湿法保存。太空农场生产的食物和氧气与由地球上补给相同数量的食物和氧气相比，其费用大大降低。太空农场若建成，据计算可使运行 15 年的宇宙空间站至少节省 6800 万美元。

9. 爆炸灌溉

爆炸灌溉是一种新的灌溉技术。提高灌溉水平主要要解决工作半径和喷洒质量问题，即每台灌溉装置的灌溉面积应尽可能的大，人工降雨的雨点要细而均匀。前苏联一位工程师根据汉弗莱原理设计出了一种现代化的人工降雨装置。其主体水箱装满可计算体积的水，在燃烧室内加入空气和液体燃料或气体燃料的混合物，电火花塞点燃混合物，在一定压力下，水冲开导管的阀门以巨大的速度被抛到空中，形成细小的雨点降落下来。小雨点直径小于 600 微米。该装置的工作是脉冲式的，爆炸一次降一次雨，这种间歇式降雨特别有利于庄稼生长。气体爆炸灌溉法经过数学计算，认为增大水箱容量的体积，人工降雨装置的性能将会大大提高，不仅能增大降雨半径和提高喷洒质量，而且燃料单耗降低 20~30%。下一步将制造一次脉冲时间内能够射出 8000 升水的装置，其喷洒半径将达到 750 米，一部装置能够灌溉 175 公顷土地，并全部实现自动化。

10. 生态农业

生态农业就是在农业生产中合理安排种植业、养殖业和加工业，使农作物得到合理的循环利用，太阳能和生物能得到高效率的转化从而提高生物产品的生产率、利用率和能量的转化率，最终达到改善农业生态环境，提高农业资源再生产能力的目的。

我国山东省聊城市郊已悄然兴起以日光、沼气、种植和养殖相结合的"四位一体"生态农业模式，成为当地农民的"致富工程"。

具体说，"四位一体"模式是以太阳能为动力，以沼气为纽带，将日光温室、沼气池、种植和养殖相结合的一种新的农业生产模式。日光温室为冬季养猪、种菜和沼气池发酵提供了适宜的温度，养猪除了为沼气提供原料外，本身体温还可使棚内温度增加，同时，呼出的二氧化碳又是蔬菜进行光合作用的"原料"，而蔬菜释放的氧气又可供猪呼吸。

牲畜粪便、植物秸秆在沼气池内经发酵后产生的沼液、沼渣是植物的极好肥料，它不但为蔬菜、瓜果提供各种营养物质，而且还可减少农药施用量，提高蔬菜质量。而猪食用沼液后不仅防病，还可以节约粮食。据介绍，"四位一体"模式养殖出来的猪日增重近 1 千克，每头可节约粮食 10 ~ 15 公斤，可降低养殖成本 100 元。

11. 遗传育种

遗传育种就是应用遗传学的理论和方法来为育种服务。育种学是创造新品系的学科，也是遗传学的应用科学。遗传学是育种学最重要的一个科学基础，因为育种学的首要任务就是改造农业动物和植物的遗传性，创造新品种，以提高农业产品的数量和质量。

　　遗传学中的杂种优势理论是育种的理论基础。20 世纪 50 年代我国广东的科技工作者首先选育出水稻"矮脚南特"、接着通过杂交途径开展矮化育种，并于 1959 年育成了耐肥、抗倒、高产的水稻良种"广六矮"，随后又培育出 50 多个矮秆良种。这是我国水稻育种史上的第一次突破。

　　现在的遗传工程研究将为育种开辟一条崭新的途径。人们想从豆科植物细胞中提取某一片段 DNA，用遗传工程的方法把它接入到非豆科植物中，产生出符合要求的重组 DNA，形成可以省下氮肥的新品种。目前这一研究正在进行之中。

　　一方面，遗传学的理论和方法被应用来为育种服务；另一方面，育种方面的一些实践反过来也会丰富遗传育种理论。人们通过遗传育种把可遗传的变异选择下来，可创造出能适应新的环境、满足人们需要的新的生物类型。